U0685188

中国人的美德

ZHONGGUORENDEMEIDE

焦国成 ◎ 主编

揭芳 ◎ 编著

经历数千年传承、融汇时代精神的美德，是中国人思想道德的灵魂，是构筑中国人时代精神的血脉，更是中华民族伟大复兴的根基。

耻

天津出版传媒集团

天津人民出版社

图书在版编目(CIP)数据

耻 / 揭芳编著. —— 天津：天津人民出版社，
2013.7

(中国人的美德 / 焦国成主编)

ISBN 978-7-201-08278-3

Ⅰ.①耻… Ⅱ.①揭… Ⅲ.①品德教育–中国–青年

读物②品德教育–中国–少年读物 Ⅳ.①D432.62

中国版本图书馆 CIP 数据核字(2013)第 171768 号

天津人民出版社出版

出版人：黄　沛

(天津市西康路 35 号　邮政编码：300051)

邮购部电话：（022）23332469

网址：http://www.tjrmcbs.com

电子信箱：tjrmcbs@126.com

三河市同力印刷装订厂印刷

2013 年 7 月第 1 版　2013 年 7 月第 1 次印刷

787×1092 毫米　16 开本　10 印张　1 插页

字数：100 千字

定　价：29.80 元

　　"美德"是什么？在有些人看来，就是埋头傻干而不计报酬多少，与人交往而甘愿事事吃亏，不考虑个人得失而时时奉献，因此，"美德"不过是忽悠傻瓜的招数，"高尚"无非是中招儿的蠢人才会去追求的做人境界。在这些"智者"的眼里，只有名利权位、声色犬马才是值得去追求的，而"美德"则不值一文。这种想法让我们想到了丛林中的狐狸和狼。那些"智者"的智慧，也不过是丛林之中狐狸和狼的智慧。对狐狸和狼来说，甚至对只图利益的小人来说，美德确实什么都不是。但是我们到底是要把市场经济下的社会建设成一个美好的人类世界，还是要把它变成一个绿色丛林？丛林之中，没有谁永远都是强者，即使老虎、狮子也不例外。当那些信奉丛林规则的"智者"成为"更智者"爪下的一块肉时，他的智慧又在哪里？

　　孟子说："得道者多助，失道者寡助。寡助之至，亲戚畔之；多助之至，天下顺之。"(《孟子·公孙丑下》)利己主义者的智慧是一种小

聪明,虽然可以暂时得利,但这种利总是有"害"相跟随。因为占了别人的便宜,固然可以一时得意,但当被千夫所指的时候,他的得意也就不在了。前乐而后苦、开始得意而日后途穷的智慧,无论如何也不能说是一种高妙的智慧。真正的赢家应该是淡泊名利、以德服人的人。

在有美德的人看来,有损美德的利益不是一种利,反而是一种害。正如孔子所说:"不义而富且贵,于我如浮云。"(《论语·述而》)避开了不符合道义的利益,同时也就避开了它可能导致的害。俗语也说:"为人不做亏心事,半夜敲门心不惊。"具有美德的人,善于约束自己,仰不愧于天,俯不怍于人,心里坦坦荡荡,安宁舒畅。能使自己愉悦幸福一生的,莫过于美德。代代相传的"富润屋,德润身"箴言,是以往高贤大德的切身体验,绝非忽悠人的虚言。

有美德的人讲仁讲义,乐于助人,乐于成人之美,这有助于消融人与人之间的冷漠和对立,增进人与人之间的和谐与合作。团结就是力量,合作强于孤军作战。人之所以能够胜过万物,就在于人与人之间能够合作。

美德是立于不败之地的精神力量。有美德的人,是在爱人中爱己,在利人中利己,在使众人快乐中获得自己的快乐。因为他行事

以德，故服人不靠威势武力；因为他爱人利人，故能把自己与大众连为一体。因此，孟子才说"仁者无敌"。

美德是可以惠及整个社会和子孙万代的精神财富。孔子曾经提出过"惠而不费"的君子智慧。在他看来，"因民所利而利之"的德政是惠而不费的。如果我们能把孔子的思想发挥一下，使美德真正成为每一个人的操守，社会将变得更加美好。做父母的有慈的美德，天下的儿童就都幸福了；做子女的有孝的美德，天下的老人就都幸福了。同样，每个社会位置上的人都有美德，天下就会是一个大道流行、人人幸福的世界。这就是真正的"惠而不费"。

新中国成立已有六十余年，改革开放已经三十余年，我国的社会主义建设取得了令世界瞩目和赞叹的成就，中国人民过上了小康的幸福生活。然而中国社会的道德风气却不尽如人意：急功近利的追求、冷漠的处世态度、庸俗的休闲生活，已经成为许多人的生活写照。腐败现象屡禁不止，法纪的权威性受到挑战，潜规则大行其道，假冒伪劣层出不穷，这已经是伴随市场经济的发展而出现的司空见惯的社会现象。道德的沙漠化现象开始初露端倪。因此，道德文明的建设已经显得比任何时候都更加迫切。

历经数千年传承、融汇时代精神的美德，是中国人思想道德

的灵魂,是构筑中国人时代精神的血脉,更是中华民族伟大复兴的根基。

为了弘扬美德,我们组编了《中国人的美德》丛书。丛书针对市场上缺少入情、入理、入心的道德教育读物的现状,专门为广大未成年人精心打造。要改善社会的道德风气,提高社会的道德水平,就要有好的读物。本丛书力求适应这一社会需求,将中华民族的传统美德、优秀的革命道德和时代精神完美融合,将传统精神和时代精神、文化继承和文化创新有机结合起来,力求凸显社会主义道德的中国特色和民族道德传统的历史延续性;在保证其通俗性、可读性的同时,力求有一定的创新性。如果此套丛书能够激发起广大未成年人对中国人的美德的兴趣和向往,我们将感到无上的荣幸和欣慰!

焦国成

2013 年 6 月于北京

中 国 人 的 美 德

Mulu /目录/

耻

第一辑

解析篇

JIEXIPIAN

耻

　　"耻"是个人因为自己在知识、能力、德行等方面存在不足，或者在思想和行为方面存在过错而产生的一种痛苦的情感体验。与耻感相伴而生的是沮丧、羞愧、内疚、屈辱、自我怀疑、自我贬损等一系列痛苦的情感体验。在中国传统文化中，自管子将"耻"规定为关系国家生死存亡的四项基本道德原则之一后，耻就不再只是一种情感，还是一种道德要求。随后，经过以孔、孟、荀为代表的先秦儒家的阐发和强调，耻德成为人所必须具备的美德之一。它是做人的标准，是道德教化的前提，是品德养成的保证，是培养良好社会风气的前提。

耻的字义及其历史演变

“耻”是“恥”的简体字。甲骨文尚未有“恥”字出现，大约在殷商时期，“恥”字开始出现。《尚书·说命》记载的一段商朝初年伊尹对商汤王说的一段话，就有恥字。原文为：“予弗克俾厥后惟尧、舜，其心愧恥，若挞于市。”作为中国最早的古汉字之一，随着汉字从甲骨文、大篆、小篆，到隶书、楷书等字形的演化，“耻”字的字形结构也在不断地变化，呈现出不同的结构特色。

大篆和小篆都是在象形文字的基础上演化而来的，相比较而言，小篆比大篆更为简化，字体更为圆润、匀称，而且多为长方形，上紧下松。就小篆中的“”字而言，左边是“耳”字的小篆体，外围的两画分别是内外两侧的耳轮；右边是“心”字的小篆体，形状很像倒悬着、没有开花的花蕊，而我们人的心脏也正是这个样子；最下面突出来的是心尖，底部是心底，左右对称的两面是胸肋面和膈面。因此，从字义上看，“恥”是从耳从心的，即耳朵听到别人对自己的负面评价会在心里有所反应，产生某种心理感受。等到“恥”演化为“耻”，它的字义就变成从耳从止，即耳朵听到别人对自己的负面评价，会想到停止当前不合适的行为，以改变别人对自己的评价。

新中国实行简化字运动之后，在中国大陆地区“耻”字被确定为“恥”字的简体字，成为规范汉字，并一直沿用至今。目前“恥”字主要在我国香港、台湾、澳门地区，以及新加坡、马来西亚、日本等

耻

亚洲一些使用汉字的国家使用。

相应地,随着"耻"字结构的变化,随着社会历史的发展,"耻"字的内涵也不断地发展变化。

殷周时期作为刑罚的"耻"

在殷周时期,"耻"字与"辱"字的意思没什么差别。耻就是羞辱,或者让人受到羞辱的事。如《周礼·地官·司救》记载:"凡民有衺恶者,三让而罚,三罚而士加明刑,耻诸嘉石,役诸司空。"对于那些邪恶的人,先教育和忍让三次,如果还不改正,则进行惩罚;如果惩罚三次还不改正,就对他施加严明的刑罚,把他的罪行公之于众,让他坐在嘉石上羞辱他,然后再把他送到负责工程建设的司空那儿,让他服劳役。在这段话中,耻是一种针对屡教不改的邪恶者的惩罚方式。这种惩罚方式就是羞辱邪恶者,让邪恶者

的名誉和尊严受到损害，从外部给邪恶者带来精神压力。对此，《周礼·秋官·大司寇》也有类似的记载："凡害人者，寘之圜土而施职事焉，以明刑耻之。"凡是害人的人，就要把他关到监狱里并且罚他做工，写明他的罪行让他背在背上以羞辱他。由此可见，"耻"字的本义即耻辱，或者可耻的事。也正因此，《说文解字》耻辱互训，曰："恥，辱也。从心，耳声。"又曰："辱，耻也。"耻即耻辱，指受到侮辱后产生的心理感受或者使人受到侮辱的事。用作动词时，耻是羞辱、侮辱的意思；"从心"是说这种侮辱是人们用心感受到的，而这种耻辱感也是人们发自内心的感悟；"耳声"是说这种侮辱是人们借助于耳朵而听到的。

春秋战国以来作为美德的耻

　　"耻"字虽然在殷周之时就已出现，但直到春秋时期，管子提出"四维"说，将耻与礼、义、廉并列为关系到国家生死存亡的四项基本道德原则，并将耻规定为"不从枉"，即不追随邪枉不正。孔子提出"行己有耻"（《论语·子路》），将耻德视为士人品格最重要的组成部分，耻由此成为一种美德。后代思想家对它的讨论和强调，更加稳固了耻德在传统美德中的地位。相应地，"耻"字的内涵也开始与辱字相区别。在春秋以来的思想家之中，对"耻"字界定最为明确的是孟子。《孟子·尽心上》中说："耻之于人大矣。"南宋著名儒学大师朱熹在《四书章句集注》一书中对这句话的注释是："耻者，吾所固有羞恶之心也。存之则进于圣贤，失之则入于禽兽，故所系为甚大。"（《孟子集注·卷十三》）大意为：耻，是我们本来具有的羞恶之心。能够把这种羞恶之心保存下来，就可以成为圣人、贤人，失掉这种羞恶之心就会变成禽兽。羞恶之心就是对自己的不善之举感到羞愧，对别人的不善之举感到厌恶的心理。在孟子的思想中，羞恶之心是一个正常人所必须具有的基本道德感，"无羞恶之心，非人也"（《孟子·公孙丑上》）。一个人如果没有羞恶之心，那么他就不是人，而是禽兽。

孟子将"耻"与羞愧感相联系，突出"耻"的内在性的思想。孟子对"耻"的界定，使得"耻"字的意思基本定型，后世的学者大都是在孟子的基础上，对"耻"的概念加以引申。如北宋时期的《广韵》一书，注释耻为"慙也"。耻即慙愧、羞愧的心理感受。明朝的《六书总要》一书，对"耻"字的注解是："取闻过自愧之义。凡人心慙，则耳热面赤，是其验也。"耻，采用的是意识到自己的过错，心中感到羞愧、慙愧的意思，而一般人心理慙愧的感受都会通过耳朵发热、脸颊发红表现出来。至此，"耻"字与"辱"字相区别。"辱"是由外在的或者他人的言行带来的屈辱的心理感受，而"耻"则更多的是人自身内在的具有对不善之举的厌恶、羞愧的心理感受。简而言之，"辱"或者屈辱感是由外在原因或者他人造成的，而"耻"或者羞耻感则是个人自己造成的。

近代以来对国耻观念的强调

自从管子在"四维说"中将耻视为关系国家生死存亡的四种基本道德原则之一，耻德便与国家的兴衰息息相关。一个人如果能够求善避恶、知荣知耻，就会做到有所为，有所不为。一个国家也是如此，其成员能够有羞耻心、行仁守义、爱国守法，弱小也能变为强大。明末清初著名思想家顾炎武在《日知录》中就明确提出："礼义廉耻，国之四维，四维不张，国乃灭亡。……然而四者之中，耻尤为要。"在《日知录·廉耻》中顾炎武将耻德规定为关系国家生死存亡的第一要素。耻德的盛行，不仅能在和平年代营造良好的社会风气，确保国家的长治久安，而且能在民族危亡之时激发民众奋斗和雪耻的勇气，形成强大的精神动力，拯万民于水火之中。近代中国饱受列强的欺凌和羞辱，从鸦片战争到"九一八"事变，再到南京大屠杀，一件又一件国耻无不刺痛中国人的心，勿忘国耻、血洗国耻的观念深入人心，对国家耻辱的重视远远超过个人耻辱。从林则徐的虎门销烟，一把火点燃了中华民族反帝、反侵略的决心；到李大钊的"黄卷青灯，茹苦食淡"，为民族觉醒而呼号，为救国雪耻而赴死；再到杨靖宇出生入死、杀身成仁，无数英烈为了国家的强盛与民族的解放抛头颅洒热血，前仆后继，最终使中华民族得以屹立于世界民族之林，而贯穿其中的精神动力正是内心深处有强烈的耻辱感。

耻德的一般要求

就"耻"是一种心理感受而言，它是个人因为自身的不足或者过错而产生的内疚感、羞辱感。就"耻"是一种美德而言，它是以个人对违反道义、不仁不义、扰乱秩序等丑恶行为的厌恶和羞愧这些道德感来约束人们的行为，使人们远离邪恶，趋向正义，最终实现对真善美的追求和人格的完满。中华民族有着重视耻德的悠久历史，历代思想家都非常重视耻德的培育，并且对耻德提出自己的看法。以下笔者将综合历代思想家的思想智慧，分别从行为的前、中、后三个方面总结出对耻德的一般要求。

有羞耻心

有羞耻心，就是爱惜自己的名誉和尊严，在情感上厌恶和排斥一切会给自己带来耻辱的人或者事。南宋学者陆九渊有言曰："夫人之患莫大乎无耻，人而无耻，果何以为人哉？"（《陆九渊全集·卷三十二》）对人而言，最大的忧虑就是没有羞耻心，人如果没有羞耻心，又怎么能称之为人呢？康有为有言曰："如无耻心，则无事不可为矣。"（《孟子微·卷六》）如果没有羞耻心，就会为所欲为，毫不顾及自己的名誉和尊严，完全丧失做人的尊严，更不用说涵养德行，成就人格。而有羞耻心则大大不同。有羞耻心便会珍惜自己的形象和名誉，在行为中尽量避免作恶，而且对于自己的过错或者不足也会做出及时的修正，以避免耻辱，维护自己的人格尊严。有羞耻心才能有自尊。

同时,孟子有言曰:"羞恶之心,义之端也。"(《孟子·公孙丑上》)羞耻心是人们养成义德的前提。同时"义者宜也"(《礼记·中庸》),养成义德也会使行为合理恰当,合乎道德要求和标准。因而,羞耻心不仅是维护人格尊严的前提,也是涵养德行、塑造理想人格的起点。人的羞耻心越强,人格尊严越高,对德行的培养也越容易。

知荣知耻

　　知荣知耻就是知道应该以什么为荣耀,以什么为耻辱,对是非、善恶、正邪有明确的概念。既然耻德是以对丑恶、堕落厌恶和远离来求荣避耻,实现对真善美的追求和人格的完满,那么知荣知耻就是耻德的基本要求。知荣就是知道何者为善、是、正,对全社会坚持什么、倡导什么、推崇什么有明确的认识。一个人知道什么是光荣的,就能确立正确的行为目标和人生理想,并为之努力奋斗,就会干好事,而不至于毫无方向,碌碌无为。知耻就是知道何者为恶、非、邪,对全社会反对什么、抵制什么、厌恶什么有明确的认识。一个人知道什么是可耻的,就能知道做事的底线,在行为中就会有所不为,避开、远离那些会给自己招致耻辱的事,在行为之后的反省中,对自己的行为做出理智的判断,耻所当耻,而不至于以耻为荣、荣耻颠倒。在知荣与知耻之间,按陆九渊所言:"人唯知所贵,然后知所耻。"(《陆九渊集·拾遗·人不可以无耻》)人只有先知道什么是可贵的,然后才能知道什么是可耻的。一方面知所荣才能知所耻;另一方面知耻会加深和巩固对所荣的渴望和理解。可以说,如果不知所耻,那么知所荣是毫无意义的。

有所为，有所不为

有所为，有所不为就是在行为过程中自觉地约束自己，做可以带来荣耀的事，不做会招致耻辱的事。

管子有言曰："耻不从枉"(《管子·牧民》)。枉即邪恶不正。耻德不仅要求人们要有羞耻心，要对何为荣、何为耻有明确的认知，还要求人们在实际的行为中不能做邪恶不正的事。对此，孔子也认为"有耻且格"(《论语·为政》)，即有羞耻心而且自觉地端正自己的行为，是老百姓最好的行为方式。耻德不仅是一种羞愧的心理感受，一种对何为荣、何为耻的认知，更是一种价值观和行为方式。对邪恶之事的厌恶和憎恨，只有落实到实际行动中自觉规避、抵制和抗拒它才是有意义的；对何为荣、何为耻的认知只有落实到行为之中，守仁行义、追随正道、积极向上、做可以带来荣耀的事，羞于为非、不追随不正、不自甘堕落、不做会招致耻辱的事，才能不断地远恶趋善、扬荣避耻，提高自身的道德修养。

谨言慎行

谨言慎行就是在行为过程中要谨慎,不能随意、放纵。《周易·系辞上》有言曰:"言行,君子之枢机。枢机之发,荣辱之主也。言行,君子之所以动天地也,可不慎乎?""枢机"中的枢是门扇的转轴,负责门的开关;机是弓弩上的钩弦,负责弓弩的发射。枢机合用比喻事物的关键部分。在此句中,以"枢机"说"言行",是想说明言行对于君子安身立命的重要性。一个人的荣辱、成败取决于他平时的言行,言行是"荣辱之主",主宰着个人的荣辱。同时人也要通过言行来与天地沟通,因而,在言行方面必须谨慎。由此可见,在日常生活中,想要求荣避耻,就必须谨言慎行,必须做到言行一致,表里如一,不能随意、放纵。孔子有言曰:"古者言之不出,耻躬之不逮也。"(《论语·里仁》)古代的人说话都非常谨慎,不轻易说话,因为他们以说到做不到、言过其实为耻辱。同时,孔子也非常强调言行由心而出,表里如一,反对"巧言、令色、足恭"(《论语·公冶长》),即花言巧语,满脸堆笑,点头哈腰;"反对匿怨而友其人"(《论语·公冶长》),即内心藏着怨恨,表面上却装得友好等伪善的行为。

荣所当荣、耻所当耻

荣所当荣、耻所当耻就是在对自己的行为进行省察、反思的时候,要以值得荣耀的事为荣,以让人羞愧的事为耻。对于什么事才是值得荣耀的,荀子提出"势荣"和"义荣"说,他认为"志意修,德行厚,知虑明,是荣之由中出者也,夫是之谓义荣。爵列尊,贡禄厚,形势胜,上为天子诸侯,下为卿相士大夫,是荣之从外至者也,夫是之

谓势荣"（《荀子·正论》）。志向美好，德行敦厚，知虑明智，荣耀是由内在的品德和心性带来的，这种荣耀叫做"义荣"。爵位高，俸禄丰厚，权势地位显赫，上等的是天子诸侯，下等的是卿相士大夫，荣耀是由外在加给自身的，这种荣耀叫做"势荣"。对于这两种荣耀，荀子认为最好的状态是两者兼得，如若不能，有义荣也是很不错的。只有小人才会只有势荣。对于什么事才是可耻的，荀子提出"势辱"和"义辱"说，他认为"流淫、污慢、犯分、乱理、骄暴、贪利，是辱之由中出者也，夫是之谓义辱。詈侮捽搏，捶笞、膑脚、斩、断、枯、磔、藉、靡、舌缚，是辱之由外至者也，夫是之谓势辱"（《荀子·正论》）。行为放荡、卑鄙、违反道义、扰乱伦理、骄横凶暴、贪图私利，这种耻辱是由内在卑劣的品行带来的，叫做"义辱"。被人侮辱责打、受杖刑被鞭打、受膑刑被剔去膝盖骨、被斩首、被砍断手脚、被暴尸街头、被五马分尸、被欺压、被五花大绑、被反绑吊起来，这种耻辱是由外部强加的，叫做"势辱"。对于这两种耻辱，荀子认为可以有"势辱"，不可以有"义辱"。因此，我们应该对那些因自己卑劣的德行带来的过错，如犯罪、落后、懒惰等感到可耻，而对那些由外力所强加的，如出身低微、家境贫寒等都没必要感到可耻。

耻而后勇

耻而后勇就是如果发现自己犯了错误，感觉到羞耻后，要勇于改过向善，奋发向上，一雪前耻。耻德不仅要求人们对自己的恶行感到羞愧、耻辱，更要求人们改过自新，发愤图强，由此才能不断远恶趋善，完善人格。"人非圣贤，孰能无过。"（《左传·宣公二

13

年》)一般人犯错是在所难免的,因而一时的羞愧、耻辱也是在所难免的。可是如果面对自己的过错、耻辱,只知道羞愧、内疚、不思悔改,那么就会原地踏步、一错再错、耻辱永相伴。子贡有言曰:"君子之过也,如日月之食焉:过也,人皆见之;更也,人皆仰之。"(《论语·子张》)君子的过错好比日食月食:他犯错,大家都看得到,他更正了错误,人们都会敬仰他。因而,面对生活中的过错,光感到耻辱、羞愧是不够的,还应该积极地改过向善,不断地磨炼自己的意志和能力,以避免再犯类似的错误,提升自己的能力,让自己从此远离耻辱。

当代人如何培育耻德

在当代社会，虽然人们的生活环境和精神面貌已经发生重大的改变，但是耻德所包含的自律自省、奋发向上的精神使得它在当今时代仍然是人们一生受用的美德。当代人培育耻德，既要考虑耻德的一般要求，也要结合当今社会的时代特征，尤其是当今时代出现的主要问题，使两者有效地融合。

自尊自爱，爱惜自己的名誉和尊严

自尊就是要尊重自己、肯定自己，不轻易贬低、看轻自己；自爱就是爱惜自己，爱惜名誉和尊严，不做有辱尊严和名誉的事。在现实生活中，有些人耻感下降，甚至是毫无羞耻心，很大一部分原因是他们不懂得自尊自爱，自甘堕落。只有懂得自尊自爱的人，才会自觉地约束自己的行为；坚决不做有辱自己名誉和尊严的事，才会在发现自己做错或者有所不足的时候感到面红耳赤、羞愧内疚，才会有一雪前耻的勇气和决心。可以说，越懂得自尊自爱的人，越容易有耻德；越有耻德的人，越能获得他人的尊重和肯定。要培育耻德，就要从自尊自爱、爱惜自己的名誉和尊严做起。因而，我们要养成自尊自爱的好习惯，时刻注意自己的言谈举止，不做有辱自己名誉和尊严的事，经常自我反思，一旦发现过错和不足，一定及时改过向善。如果能这么做，便能一生活得光明磊落、坦坦荡荡、远离耻辱。

当代社会中荣辱观的错位与社会主义荣辱观

当代中国正在经历前所未有的社会变革，新旧道德观念的转换、中西方价值观的冲突都给人们的思想观念带来很大的改变。近年来，在社会生活中出现了荣辱观错位的现象，一些人的是非、善恶、荣辱观念扭曲，甚至颠倒，以恶为荣、以善为耻的事情时有发生，严重影响了社会风气。胡锦涛同志关于"八荣八耻"的重要讲话也正应时而出。胡锦涛同志提出的"八荣八耻"的重要讲话，是传统美德与现代化建设的完美融合，是耻德在当代中国的新发展。"八荣八耻"明确地指出了在当今社会什么才是光荣的，什么才是可耻的，什么才是值得推崇和追求的，什么才是应该厌恶和远离的。全体社会成员无论是中小学生还是已经步入社会的成年人，无论是普通人还是社会精英，都应该以"八荣八耻"为标杆，树立社会主义荣辱观，积极推崇和肯定热爱祖国、服务人民、崇尚科学、辛勤劳动、团结互助、诚实守信、遵纪守法、艰苦奋斗，并以之为行为准则和人生理想；坚决抵制和反对危害祖国、背离人民、愚昧无知、好逸恶劳、损人利己、见利忘义、违法乱纪、骄奢淫逸，并以之为做人、做事的底线，无论在什么时候、什么情况下都不逾越。

市场经济条件下，耻德与私利

市场经济是趋利的经济，每一个参与其中的人都受到利益的驱动，利益是推动市场经济运行和发展的根本动力。因而，在市场经济条件下，追求私利不仅是无可厚非的，而且是值得鼓励和支持的。只有大家都参与其中，积极地追求财富，我们的市场经济才能发展起来，创造更多的社会财富，人们的生活水平才能提高。就此而言，我们应该以好逸恶劳、甘于贫穷、游手好闲、不思进取为耻，以辛勤劳动、节俭、积极进取为荣。然而，近年来，随着市场经济的发展，一些人为追求私利，弄虚作假，见利忘义，什么不道德的事都敢做，毫无羞耻心，严重阻碍市场经济的发展。俗语有云："君子爱财，取之有道。"追求财富，喜欢钱财是没有错的，但是应该以合理正当的方式来获取。就此而言，我们要以团结互助、诚实守信为荣，以损人利己、见利忘义、自私贪婪为耻。坚持团结互助就能扬长避短、共同进步、共同获利；坚持诚实守信就能赢得他人的信任与认可，就能在市场经济中无往不利；而损人利己、见利忘义、自私贪婪只会换来他人的厌恶和憎恨，只会让自己越来越孤立，最终被朋友和社会所抛弃。

耻德的培养

一个社会的构成是多样化的，人们的道德素质也是参差不齐的。在日常生活中，我们难免会遇到一些厚颜无耻的人，看到一些人无耻的行径，这个时候我们要做的就是：第一，反省自己的行为，看看自己是否有过此类行为，如果有过类似的行为，一定要感到羞愧、可耻，并及时改过向善；如果没有类似的行为，就要以此为警戒和教训，不让自己以后有类似的行为。第二，对他和他的言行表示厌恶、憎恨，让他自己感到羞耻。在现实生活中，大部分有耻德的人都能做到不与无耻者同流合污，但对他们的行为往往采取不闻不问的容忍态度。对他人无耻行径的容忍不仅会纵容这种行径，让它对他人和社会造成不良影响，败坏社会风气，而且久而久之会让自己的耻感下降，甚至麻木。只有爱憎分明，敢于明确表达自己对善的喜爱与推崇，对恶的憎恨与厌恶，才能不断强化羞耻心，培育耻德。

加强自律，坚持原则

一时的有所为、有所不为，一事的耻而后勇并不算真正的具有耻德，只有每时每刻，尤其是面对诱惑和考验的时候，能坚持原则，践行耻德的要求，才算是真正地拥有耻德。在日常生活中，我们经常要面对各种诱惑和考验，有权力名望的诱惑，也有生死攸关的考验，在诱惑和考验面前，人往往是最容易松懈和动摇的，尤其是面对一些只要付出很少的成本或者根本不需要成本就能拥有的诱惑。比如说，没人的时候，在公园里掐一朵自己喜欢的花；或者为了赶时间，在没人的时候，抄近路践踏草坪。一个人的羞耻心强不强，是否拥有耻德在这个时候是最容易看出来的。因而，想要真正拥有耻德就要加强自律，自觉约束自己的行为。勿以善小而不为，勿以恶小而为之。无论是自己一个人独处，还是与他人在一起；无论是眼前一时，还是一辈子，都要常怀羞耻心，有所为、有所不为，坚持原则，绝不松懈。

耻

第二辑 菁华篇

JINGHUAPIAN

耻

　　《左传》尝载古人之言："大上有立德,其次有立功,其次有立言,虽久不废,此之谓不朽。""立言"为不朽之一,而立道德之言尤为可贵。言者,心之声也。道德之言,乃有德者之心声,故而尤其值得珍视。中国作为礼仪之邦、文明古国,历代不乏高贤大德,而他们都有自己的道德体悟之语。本辑所选是古今道德箴言的菁华。这些箴言名句,是古今高贤大德人生经验的凝结,是他们纯洁、高尚心灵的流露。这些箴言名句,可以朗读,可以背诵,可以欣赏,可以怡情,可以励志,可以开慧,可以大心,可以成德。

举世而誉之而不加劝①，举世而非之而不加沮②，定乎内外之分，辨乎荣辱之境，斯已矣。

——《庄子·逍遥游》

注 释

①劝：奋勉。
②沮：沮丧。

解 读

全社会的人都称赞他，他却并不因此而更加奋勉；全社会的人都责难他，他却不因此而更为沮丧。他能认清自我与外物的分际，辨明荣辱的界限，不过如此而已啊。别人的称赞和责难都是身外之物，不用过分看重，最关键的是要把持好自己的内心。

仁则荣,不仁则辱;今恶①辱而居不仁②,是犹恶湿而居下③也。

——《孟子·公孙丑上》

注 释

①恶:厌恶。

②居不仁:做不仁的事。

③居下:站在低处。

解 读

做合乎仁的事就荣耀,做不合乎仁的事就耻辱;现在的人厌恶耻辱却要做有违仁道的事,就犹如讨厌湿却还要站在低处。这就告诉我们远离耻辱最好的办法就是不做不该做的事,做该做的事。

人不可以无耻，无耻之耻①，无耻矣。

——《孟子·尽心上》

注 释

①无耻之耻：没有羞耻心的那种耻辱。

解 读

人不可以没有羞耻心。没有羞耻心的那种耻辱，真是无耻到了极点。人如果没有羞耻心，便会毫不顾忌自己的名誉和尊严，肆无忌惮地做任何事情，即使做了坏事，也不以为然，一点儿也不感到羞耻、惭愧。这种恬不知耻的人是最无耻、最令人发指的。对于这种人我们必须毫不留情地打击、压制。

凡牧民①者，欲民之有耻也。欲民之有耻，则小耻不可不饰②也。小耻不饰于国，而求百姓之行大耻，不可得也。

——《管子·权修》

注　释

①牧民：治民。古代统治者把治民比作牧人牧养牲畜，故称治民为牧民。

②饰：整治。

解　读

凡是治理国家的人都希望民众能够有羞耻心。想要民众有羞耻心，那么小耻就不可以不整治。不在国内整治小耻，却要求老百姓懂得大的耻辱，这是不可能的。管子的这句话凸显了治理国家中上行下效的问题。政府如果想要老百姓有羞耻心，就必须首先以身作则，整肃不正之风，为老百姓树立良好的榜样，提供良好的道德环境。

不患①位之不尊，而患德之不崇②；不耻禄之不伙③，而耻智之不博。

——张衡《应问》

注 释

①患：担心。

②崇：崇高。

③伙：高。

解 读

不要担心职位不够高，而应该担心自己的道德是不是崇高；不要以自己的收入不够高而感到耻辱，而应该以自己的学识够不够渊博为耻辱。这就告诉我们没必要在官位、俸禄上患得患失，而是要追求个人道德和学识的进步。

巫①医乐师百工之人，不耻相师②。

——韩愈《师说》

注 释

①巫：学巫术的。

②相师：相互拜师，相互学习。

解 读

巫士、医生、乐师、老师，各行各业的人都会相互拜师，相互学习，而不以此为耻辱。孔子说："三人行必有吾师焉。"每个人的身上都有长处和闪光点，都有值得学习的地方。即使是所学的专业不一样，在一起也能够相互切磋，有所砥砺和进步。这就告诉我们想要提升自己，增进能力一定要注意多向身边的人学习。

人有耻，则能有所不为①。

——朱熹《朱子语类·卷十三》

注 释

①不为：不干，不做。

解 读

人有羞耻心，便不做不该做的事。有羞耻心的人会爱惜自己的名誉和尊严，会自觉地约束自己的行为，不做不该做的事，以免遭受耻辱，有损自己的名誉和尊严。羞耻心在人的行为中起着道德堤防的作用。这就提醒我们，想要捍卫自己作为一个人的尊严，首先要有羞耻心，要有所不为。

不耻不若①人，何若人有②？

——《孟子·尽心上》

注 释

①不若：比不上，赶不上。

②何若人有：怎么会有比得上别人的地方。

解 读

不以比不上别人为耻辱，又怎么会有比得上别人的地方？

事物的发展是有一个过程的。有些时候，我们可能会落后于别人。如果这个时候，不引以为耻，不感到惭愧、内疚，就会无动于衷，下不了赶上别人的决心，慢慢地就会落后得越来越多，越来越远，以至于没有比得上别人的地方。因此，比不上别人的时候，一定要知耻，以羞耻为动力，化羞耻为力量，努力奋斗，迎头赶上。

　　守国之度①，在饬②四维③。……四维不张④，国乃灭亡。……何谓四维？一曰礼，二曰义，三曰廉，四曰耻。

——《管子·牧民》

注 释

　　①度：法则，方法。

　　②饬：整饬。

　　③四维：系在网四角上的绳索，借助四维，网的纲、目才能提起来，此处引申为治理国家的四项基本道德纲领、道德原则。

　　④张：张开，推行。

耻

解　读

守护国家的方法在于整饬治国的四项基本道德原则。……这四项道德原则如果得不到推行，国家就会灭亡。……什么是治国的四项基本道德原则？一是礼，二是义，三是廉，四是耻。道德原则在治理国家方面具有非常重要的作用。如果一国的百姓不懂礼，不正义，不清廉，没有羞耻心，那么这个国家的社会风气将会非常差，社会秩序也会混乱，整个国家将难以为继。由此可见，羞耻心不仅关系到个人的德行修养，也关系到国家的治乱、存亡。

知耻近①乎②勇。

——《礼记·中庸》

注 释

①近：接近。

②乎：文言介词，相当于"于"。

解 读

知道羞耻就接近于勇敢了。知耻就是承认自己的错误和不足，并为此感到羞耻。这本身就是勇敢的一种表现，并且知道羞耻就会在内心产生强烈的思想震荡，唤起洗刷耻辱、挽回荣誉的勇气，激发起改造自我的巨大力量。知耻就能激发出勇气和力量，使人勇敢起来。因而，知耻是勇敢的一种表现，也是勇敢的前提。只有知耻的人，才能真正勇敢起来。这就提醒我们一定要常怀羞耻心，要知耻。

耻

所谓迫生①者，六欲②莫得其宜也，皆获其所甚恶者，服是也，辱是也③。辱莫大于不义，故不义，迫生也，而迫生非独不义也，故曰迫生不若死。

——《吕氏春秋·贵生》

注　释

①迫生：苟且偷生。

②六欲：指生、死及耳、目、口、鼻的欲望。

③服是也，辱是也：屈服是这种情况，耻辱是这种情况。服，屈服；辱，耻辱；是，指上文"六欲莫得其宜"。

解　读

所谓苟且偷生，是指人的生、死及耳、目、口、鼻六种欲望都得不到适当的满足，得到的也都是它厌恶的，屈服于人是令人羞辱的，受辱于人也是令人憎恶的。没有什么比不行道义更加羞辱的了。因此不行道义，就是压制人性，但压制人性不只表现在不行道义上，所以说，人性受到压制还不如死去。

荣辱之责①在乎己，而不在乎人。

——《韩非子·大体》

①荣辱之责：荣耀和耻辱的责任。

一个人的荣耀与耻辱取决于他自己的功过和是非，而不取决于他人的赞誉和诋毁。把荣耀建立在别人的赞誉上是非常不稳定的，因为它随时有可能被别人否定。只有自己切切实实地做了好事，做出了成绩，问心无愧，自然会荣耀不离身，不怕别人的诋毁和否定。同样，只要做了坏事，即使没有别人的诋毁，也一定会内心惶恐不安。这就提醒我们，想要获得荣誉就必须做好自己的事；想要避免耻辱，就一定不能做坏事。

治以道德为上,行以仁义为本。故尊于位而无德者绌①,富于财而无义者刑②,贱③而好德者尊,贫而有义者荣。

——陆贾《新语·本行》

注 释

①绌:古同"黜",罢免,革除。

②刑:施加刑罚。

③贱:地位低下的人。

解 读

治理百姓应以道德为上,做事要以仁义为根本。因此,地位尊贵却没有品德的人必须罢免,富有财产但却不讲道义的人要施加刑罚,地位低下却有好的品德的人要尊敬,贫穷却讲道义的人要给他荣耀。这就告诉我们一个人的荣耀与耻辱是与外在的地位、财富无关的,它们仅仅与个人的品德相关。因而,想要获得别人的尊敬和荣耀,就必须有好的品德,讲求仁义。

好①荣恶辱,好利恶害,是君子小人之所同也,若其所以求之之②道则异矣。

——《荀子·荣辱》

注 释

①好:喜好,喜欢。

②之:第一个"之"指的是前面所说的荣辱、利害;第二个"之"是助词,是"的"的意思。

解 读

喜欢荣耀、厌恶耻辱,喜欢利益、讨厌灾害,是君子与小人的共同点,但他们求取荣耀、利益,避开耻辱和灾害的方法却是不同的。君子以正当的方式求取,而小人以歪门邪道求取。这就告诉我们,喜欢荣耀、厌恶耻辱,喜欢利益、厌恶灾害是人之常情,是无可厚非的。可是如果采用不正当的方式去求取荣耀和利益,那么就是小人。

忧德之不丰①,不患爵之不尊;耻名之不白②,不恶位之不迁。

——王充《论衡·自纪》

注　释

①不丰:不丰厚,比喻德行低下。

②白:清白。

解　读

只愁德行低下,不怕爵位不高;只以名声不清白为耻辱,不以官位得不到升迁为耻辱。这就告诉我们没必要对职位和权力过分看重和关心,真正需要看重和关心的是自己的德行。

夫君子直道而行①,知必屈辱而不避也。故行不敢苟合②,言不为苟容③,虽无功于世,而名足称也;虽言不用于国家,而举措之言可法④也。

——陆贾《新语·辨惑》

注 释

①直道而行:正直无私,依道而行。

②苟合:随便附和。

③苟容:苟且求容。容,容纳。

④法:效法。

解 读

君子正直无私,按照道义行事,即使知道这么做会引来别人的侮辱也毫不避开。因此,做事不敢随便附和,说话不敢随便求容。即使在世上没有什么功劳,但他的名声已经足够称道了;即使他的话没有被国家采用,但他的行为却可以为人们效法。

痛①,莫大于②不闻过③;辱④,莫大于不知耻。

——王通《中说·关朗》

注释

①痛:悲痛,悲痛的事。

②莫大于:没有比……更大。

③不闻过:听不进别人对自己错误的批评。

④辱:耻辱,可耻的事。

解读

可悲的事没有比听不进别人对自己的错误的批评更大的了,可耻的事没有比不知道羞耻更大的了。犯了错却听不进别人的批评,不仅心胸狭窄,而且不利于错误的改正,会让自己在错误的道路上越走越远,最终错得不可救药,这是最大的可悲。做了可耻的事情却若无其事,不引以为耻,就会让自己身败名裂,甚至遗臭万年,这是最大的耻辱。这就提醒我们,犯了错误了要虚心听取别人的批评,要引以为耻。

宠①必有辱，荣必有患，宠辱等，荣患同也。

——《王弼·老子道德经注》

注 释

①宠：宠爱。

解 读

有宠爱就一定有耻辱，有荣耀就一定有忧患，宠爱与耻辱是对等的，荣耀与忧患是相同的。得到了宠爱就会有失去宠爱的耻辱，得到了荣耀就会有失去荣耀的担忧。宠爱与耻辱，荣耀与忧患是相生相伴，同时存在的。这就告诉我们不要过分计较个人得失，不要患得患失，要做到宠辱不惊。

必有耻①,则可教;闻过②,则可贤。

——周敦颐《周子全书·通书·幸》

解 读

必须是有羞耻心的人,才可以教化;听得进别人对自己的错误的批评的人,才可以成为贤人。有羞耻心的人会在乎自己的名誉和尊严。为了捍卫自己的名誉和尊严,不让自己犯错或者落后于人,他们会积极向上、努力学习、接受教化。能听得进别人批评的人,就能改正错误,不断地提升自己的能力和涵养,有机会成为圣人。这句话其实是在提醒我们,想要成为可教育的人,就一定要有羞耻心,想要成为圣人就一定要能听得进别人的批评。

行不及①言，可耻之甚，古者②所以不出其言，为此故也。

——朱熹《四书章句集注·论语·里仁》

注 释

①不及：赶不上的意思。

②古者：古代有修养的人。

解 读

行为赶不上语言，是非常可耻的，古代有修养的人之所以不随便说话，就是因为这个缘故。说到的却不做到，不仅暴露了自己的无能，而且还会失信于人，损坏自己的名誉。这就提醒我们在日常生活中一定要言而有信。

廉耻为士风①之本，廉耻兴则士风盛，士风盛则风俗和②可知矣。

——王达《笔畴·卷下》

注　释

①风：风尚习俗。

②和：和顺，此处是指社会风气和顺、良好。

解　读

廉耻是读书人风气的根本。廉耻兴盛，那么读书人的风气也会旺盛，读书人的风气旺盛，那么整个社会的风气就会和顺，这一点是可以知道的。这句话表明读书人的荣辱观绝非个人品德问题，而是关乎整个世风、民风。因为读书人、知识阶层被认为是社会中有文化和教养的群体，他们是否有正确的荣辱观念，直接影响到社会风俗的淳朴与否。

改过者，第一要发耻心。思古之圣贤，与我同为丈夫，彼何以百世可师，我何以一身瓦裂①？……孟子曰："耻之于人大矣。"以其得之则圣贤，失之则禽兽耳。

——袁黄《祈嗣真诠·改过》

注 释

①瓦裂：像瓦片破裂，比喻破败无存。

解 读

改正过错的人，第一要有羞耻心。思考古代的圣人、贤人，与自己一样都是七尺之躯的大丈夫，他们为什么能够成为百世之人的老师，而我却犹如瓦砾一样破败？……孟子说："羞耻心对于人的作用非常大。"拥有羞耻心就能成为圣人、贤人，没有羞耻心就会沦为禽兽。这就告诉我们，其实每个人都有机会成为圣人、贤人。圣人、贤人并非高不可攀，只要我们能够常怀羞耻心，就都有机会成为圣人、贤人。

宠辱不惊①,闲看庭前花开花落;去留②无意,漫随天外云卷云舒。

——洪应明《菜根谭·闲适》

注 释

①不惊:无动于衷,心地安宁。

②去留:是指宠爱和耻辱的去留。

解 读

对于荣耀屈辱无动于衷,心地安宁,欣赏庭院中的花开花落;对于宠爱和耻辱漠不关心,冷眼观看天上浮云随风聚散。中国人积累了几千年的人生经验,就像一本厚厚的书。开卷便觉触目惊心:名利场宦海浮沉,潮起潮落;富贵乡人为财死,鸟为食亡。所以雄心万丈地在仕途进取的同时,也很有情趣地在做出世准备,免得从金字塔一落千丈时万劫不复。官场少有常青树,财富总有用尽时,若练就宠辱不惊、去留无意的功夫,又怎会有凄凉与悲哀的心境出现呢?

古人以善为常，多不记载，以恶为反常，故时记之。后世之人，负大罪恶于身①，不知愧耻，一有小善，沾沾自喜，可哀也已。

——辅广《宋元学案·卷六十四》

注 释

①负大罪恶于身：身上背负着很大的罪恶，也就是做了很多坏事的意思。

解 读

古代的人以做好事为正常，大都不记载，以做坏事为反常，因此时常会记载下来。后世的人，经常做坏事，身上背负了很多的罪恶，不知羞愧和羞耻，一旦做了一点儿好事，就沾沾自喜，多么悲哀啊！这句话告诉我们要向古代人学习，以做好事为习惯。

不耻①则无所不为。人而如此，则祸败②乱亡，亦无所不至③。

——顾炎武《日知录·廉耻》

注 释

①不耻：无耻。

②祸败：灾祸与失败。

③无所不至：没有什么不会降临，不会发生。

解 读

没有羞耻心什么事都干得出来。人如果到了这种地步，那么灾祸、失败、混乱、灭亡等，就没有什么不会降临到他的身上。没有羞耻心，为所欲为的人不仅会让自己沦为禽兽般的存在，完全依靠自然本能而行动，丧失做人的尊严，而且"多行不义必自毙"。坏事做多了，必然会自取灭亡，死路一条。正所谓"天作孽，犹可违；自作孽，不可活"。上天降下灾祸还可以躲避，自己造成的罪孽，就无处可逃。由此可见，没有羞耻心的危害是巨大的。羞耻心不仅关系到个人的人格尊严，而且关系到个人的生死存亡。

心无羞耻，天良①已绝，日习日邪，愈趋愈下，与禽兽相去几希②。

——石成金《传家宝·人事通》

注 释

①天良：良知。

②几希：很微小。

解 读

没有羞耻心，良知就会断绝。每天变得邪恶，越往后品德越低下，以至于与禽兽没有差别。羞耻心是人心中的道德堤防。没有羞耻的人心就犹如溃决的堤坝，恶性肆虐，良知丧失，久而久之就人性泯灭，与无耻无德的禽兽没什么差别。

耻

耻之一字，乃人生第一要事。如知耻，则洁己①厉行，思学正人②，所为皆光明正大。凡污贱③淫恶④，不肖⑤下流之事，决不肯为。如不知耻，则事事反是。

——石成金《传家宝·人事通》

注 释

①洁己：洁身自好，约束自己的行为。

②正人：正派的人，正直的人。

③污贱：污秽下贱。

④淫恶：荒淫邪恶。

⑤不肖：不正派，不成才。

解 读

耻这个字是人生的第一要事。如果懂得羞耻就会洁身自好，想着向正派的人学习，做事也都是光明正大、堂堂正正，所有污秽的、下贱的、荒淫的、邪恶的、不正派的、下流的事是绝对不肯做的。如果不懂得羞耻，就会在每件事上走向相反的方向。这段话说明了耻的重要性及其对人的行为的影响。知道羞耻便能走上正途，光明磊落，一生坦坦荡荡；不知道羞耻便会走上歧途，倒行逆施，做尽坏事，一生臭名昭著。因此，是否知耻决定了人生的走向。

礼义治人之大法,廉耻立人之大节。不廉不耻,则祸败乱亡,无所不至。然而四者①之中,耻为尤要……人之不廉而至于悖礼犯义,其原皆生于无耻。

——章炳麟《革命之道德》

注 释

①四者:礼、义、廉、耻。

解 读

礼法和道义是治理百姓的大法。廉洁和知羞耻是个人立身于世的大节。不廉洁,不知羞耻,那么灾祸、失败、混乱、灭亡就没有什么不会降临到他的身上。然而在礼、义、廉、耻四者之中,耻尤其重要……人之所以不廉洁而违背礼法、触犯道义,都是因为没有羞耻心的缘故。这就告诉我们羞耻心是个人立身处世的根本,没有羞耻心只会带来源源不断的灾祸。

士①皆知有耻,则国家永无耻②矣;士不知耻,为国之大耻。

——龚自珍《明良论二》

注 释

①士:古代统治阶级中仅次于卿大夫的一个阶层,相当于一般的政府官员。

②无耻:没有耻辱之事。

解 读

　　知识分子都知道要有羞耻心，那么国家永远不会遭受耻辱；知识分子不知道羞耻，就是国家最大的耻辱。知识分子是一个国家文化的传承与创造者，也是一个国家的道德标杆，肩负着教化与引导百姓的使命。知识分子道德水准的高低直接影响整个国家的发展。如果一个国家的知识分子都懂得羞耻，知道趋善避恶，那么普通民众也会竞相效仿，整个国家将会风气良好，上下一心，国运昌隆，永远远离耻辱。反之，则会无耻之风盛行，人性堕落，整个国家"禽兽"横行，死气沉沉，国家衰败。这就提醒那些已经是知识分子或者想要成为知识分子的人一定要有羞耻心，履行好自己的使命。

注 释

①才能：方才能够。

解 读

能够知道羞耻，就是上进。知道羞耻了就会反思和考察自己的行为，改进工作方法和行为方式，以避免再次受辱，或者洗刷前耻，捍卫自己的尊严和荣誉。因而，知耻便能上进。只有有羞耻心的人才能更好、更快地上进。

风俗之美^①，在养民知耻。耻者，治教^②之大端^③。

——康有为《孟子微·卷六》

注 释

①风俗之美：指培育良好的社会风尚。美，古义与善通。

②治教：指政事与教化。

③大端：指事物的主要部分。

解 读

培育良好的社会风尚，关键在于养成人们知耻的美德。知耻是治理和教化民众的主要内容。民众知耻就会遵纪守法、向善避恶，社会风气自然会非常好，政治教化也能更好地推行。

若淫①者,人欲所固有,有耻心,则可终身守节矣;利者,人欲所同然,有耻心,则可使路不拾遗矣;贪生者,人情之自然,有耻心,则可忠烈死节②矣。

——康有为《孟子微·卷六》

注 释

①淫:放纵。

②死节:为了守节而死。

解 读

放纵是人本来就具有的欲望,有羞耻心便能终身守节;利益,是人都想要的,有羞耻心就会走在路上不捡别人掉在地上的东西。贪恋生活,是人之常情,有羞耻心就会忠诚刚烈为了守节而死。这就告诉我们羞耻心是人心中的道德堤防。人有知耻心,便能清楚有所不为,从而近善远恶,不贪利,不贪生。

《韩非子》说赛马的妙法，在于"不为最先，不耻最后"。这虽是从我们这样外行的人看起来，也觉得很有理。因为假若一开首便拼命奔驰，则马力易竭。但那第一句是只适用于赛马的，不幸中国人却奉为人的处世金针了。……多有"不耻最后"的人的民族，无论什么事，怕总不会一下子就"土崩瓦解"的。

——鲁迅《华盖集·这个那个》

解 读

在赛马中，为了赢得比赛，最开始的时候保存实力，派出最差的马，即使是跑到最后的名次也不感到耻辱。这是赛马比赛中的一种制胜的秘诀。然而比赛毕竟与生活不一样，赛马的策略不一定适用于生活。在鲁迅看来，当时有很多民众盲目地把"不耻最后"当做座右铭，这在无形之中为他们的落后，甚至是堕落找到了借口，其实是非常不可取的。鲁迅对"不耻最后"的批评正是要提醒我们一定要以"最后"为耻，要积极上进，力争上游。

有草名含羞，人岂能无耻①？鲁连不帝秦，田横刎颈死②。

——陈毅《冬夜杂咏·含羞草》

注　释

①有草名含羞，人岂能无耻：含羞草由于叶子能对热和光产生反应，受到外界的触碰会立即闭合，所以得名。作者在此以植物对照人性，以含羞草对外界刺激的反应来反衬出羞耻心对人的重要性。

②鲁连不帝秦，田横刎颈死：鲁连，战国末期齐国人，曾劝说赵、魏两国国君应该坚持原则，不要屈服于秦国的势力而尊秦国国君为帝王。田横，秦国末年群雄之一。曾起义反秦，自立为王。刘邦一统天下后，想招抚田横。田横不肯屈服受辱，最后刎颈自杀。此处，作者赞扬的是他们敢于坚持原则、绝不屈服的英雄气概。

解　读

　　连植物都知道羞耻，更何况我们这些一直自称是高级动物的人类呢？如果一个人连羞耻心都没有，那么他不仅不配为人，而且连最低等的植物都不如。羞耻心是做人的底线。我们应该向鲁连、田横学习，宁死也要守住做人的底线，捍卫自己作为一个人的尊严。

第三辑

范例篇

FANLIPIAN

耻

　　鲁迅先生曾在《中国人失掉自信力了吗》一文中说过："我们从古以来，就有埋头苦干的人，有拼命硬干的人，有为民请命的人，有舍身求法的人……虽是等于为帝王将相作家谱的所谓'正史'，也往往掩不住他们的光耀，这就是中国的脊梁。"本辑所选正是作为中国人道德脊梁的行为故事。他们以自己的实际行动诠释了什么是道德上的崇高。这些故事不过是古往今来具有高尚道德情操的中国人的行为范例之沧海一粟。虽然他们的行为有其时代的烙印和局限，但正因其为后人立德，故而获得了不朽的意义。

勾践忍辱雪耻

夜幕下王宫里出奇的寂静,大风将帘子不断吹起,蜡烛一闪一闪的。偌大的王宫里似乎只剩下几个人的身影,宽大的梨花木床上躺着一个憔悴的病人,跪在他旁边的除了一个御医之外,便只剩下几个丫鬟和奴仆。

"大王龙体康健,只是偶感风寒,不久定会安然无恙。"御医对着病床上的君王说道,只是他这话刚说完,周围便回荡着一阵剧烈的咳嗽声。

"大王有命,退下!"一个侍从说道。此时君王刚刚轻轻地摇了一下手掌。

突然,殿前传来一阵急促的脚步声,一个中年男子风尘仆仆地赶来,刚进门就跪在君王的床前。这人衣衫不整,满身臭汗,看样子应该是赶了一段很长的路。

"大王,听说您生病了,我比任何人都着急。您一定要尽快好起来呀!"

"来了。"病床上的人有气无力地说了两个字。

突然,君王对侍从使了个眼色,侍从们赶紧把便盆端出来。原来君王要拉肚子了,旁边的其他人等赶紧让开。

唯有中年男子一动不动地依旧跪在那里,神情中可以看出他是多么的悲伤。

许久之后,君王大便完,侍从们把便盆端出来,刚走过几步,

"等等。"中年男子对那个侍从说道，并快步走到侍从跟前。

侍从疑惑地看着走过来的男子，不知他究竟想干什么，便停在原地。

中年男子对着便盆里的大便，左看看，右看看，看了好一阵子。突然中年男子作出了一个让在场所有人都震惊的举动，他先用手抓了一点儿大便，凑在鼻子底下闻了闻，闻过之后还把那些大便放到嘴里尝了尝。

就在众人震惊之余，他快步走到君王跟前，跪着对病床上的君王说："大王的粪便味道正常，并无大碍。大王洪福齐天，寿比南山。近期内必定会好起来。"君王看到他的这些举动后非常感动和欣慰，连连赞赏。在场的所有人无不对中年男子的行为肃然起敬。

看到此情此景，你可能以为中年男子对病床上的君王是多么的情深义重，他们应该有多么深厚的感情呢。其实不然，他们不但没有所谓的深情，反而有着刻骨铭心的仇恨。因为，这个中年男子就是曾经的越王——勾践，而病床上的君王是吴王夫差。

早在周敬王二十六年(前494年)春，吴王夫差为报父仇率兵攻打越国，在夫越(今绍兴北)大败越军，越王勾践带着五千残兵败将逃到会稽山(今绍兴东南部)，被吴王围困起来。为了保存实力，避免亡国，勾践派大臣文种向吴王求和。在文种的努力和斡旋下，吴王夫差答应了越国的求和，但条件是越王勾践必须作为人质到吴国去。无奈之下，勾践只好把国家大事托付给文种，带着夫人和大臣范蠡到吴国当人质。在吴国期间，勾践忍辱负重，受尽欺凌和侮辱，为夫差的父亲——老吴王阖闾看坟，给夫差当马夫，为夫差

脱鞋。每一次夫差出去玩儿，为了显示自己的威风，都会让勾践在车子的前面奔跑。吴国的老百姓看到了，就指指点点地说："看，这越王真是够丢脸的，真够窝囊的。"

勾践在吴国受尽了侮辱和折磨，为了打消夫差的怀疑，他忍辱负重，处心积虑，一有机会便向夫差表忠心，这次夫差生病了，而且病得很厉害，正是千载难逢的机会。勾践早从昔日的谋臣文种那里得知，夫差的病不是什么大问题，过些天就能好，只是夫差自己太害怕了，才弄得人心惶惶。有了文种的判断，勾践便胸有成竹了，于是就有了上述的举动。

几天之后，夫差的病果然好了。从此，夫差打消了对勾践的怀疑，认为他是真心归顺，没过几年就放他们三人回越国去了。

勾践回到越国后，一边假意臣服于吴国，一边处心积虑，立志报仇雪耻。他在室内显眼的地方挂了一只苦胆，无论是坐着还是躺着，他都要看一遍苦胆，每次吃饭前他也要尝一尝苦胆，然后问自己："勾践，你忘了在吴国的耻辱了吗？"在睡觉的地方，他特意把席子和褥子撤掉，换上柴草，以使自己警惕，不能贪图眼前的安逸，消磨掉报仇雪耻的决心和斗志。这就是后人传颂的"卧薪尝胆"。在勾践的带领下，越国人上下一心，艰苦奋斗，逐渐从战败的阴影中走出来，逐渐崛起。终于在周元王四年（前473年），勾践再次率军进攻吴国，大败吴军，吴王夫差向勾践求和被拒绝后自杀，吴国灭亡。随后，勾践被周元王封为伯，也就是各诸侯国国君的首领。从此，越王勾践便称霸于各诸侯国。

一时的耻辱、一时的苦难并不可怕，可怕的是从此一蹶不振，自甘堕落。就像我们平时的考试一样，一次落后、一次退步并不可怕，可怕的是从此自暴自弃，不再努力也不再勤奋，如果这样的话，就只会一直退步，一直落后，直到最后无路可退，成为最后一名。只有敢于承认自己的错误和失败，能忍受屈辱、苦难，肯吃苦耐劳，奋发向上、积极上进的人才有可能洗掉耻辱，不断进步，提高自己的成绩和能力，才能获得成功。

二桃杀三士

在齐王宫殿前，到处是斑斑血迹。晏子站在大殿之上，冷眼看着殿前的惨状，他暗暗地为自己的行为思索着。仅凭一张嘴、一个果盘、两个桃子，他让三个壮士先后都倒在了血泊之中。

原来在齐景公时期，齐国有三位著名的勇士：公孙接、田开疆、古冶子。他们三人武艺高强，勇气盖世，为国家立下了赫赫功劳，俨然是齐国武将里的明星。这三人意气相投，结为异姓兄弟，彼此互壮声势。由于自恃武艺高、功劳大，他们非常骄横，不把别的文武官员放在眼里，甚至对晏子也不够尊敬。而当时齐景公已经是晏子服务的第三个国君了，此时的晏子经过多年在官场的摸爬滚打，在齐国的地位是相当的稳固。晏子看在眼里，忧在心里：这些莽夫如果势力越来越大，可不是好事啊！在位的时候这些人尚且不把他放在眼里，将来自己退下来了就可想而知了。而且他们可不讲什么礼仪、伦理，以后出什么祸患就不好办了。晏子拜见齐景公，把心里的想法一说，齐景公虽然觉得除去三位勇将未免可惜，可是晏子的话也有道理，而且晏子那时太有权威了，齐景公也不好驳他的面子。

齐景公的默许虽然让晏子没有了后顾之忧，但是以三勇士当时在齐国的影响，来硬的显然不现实。关键在于以智取胜。这让晏子陷入了沉思。苦思冥想了三天以后，晏子终于想到了对策。

于是，那一天，齐景公在大殿上赏赐文武百官，等轮到三勇士时，剩下了两个大蟠桃。一个华丽的金盘，盘子里是两个娇艳欲滴的大桃子，一阵芳香扑鼻而来，三个勇士顿时流下了口水。晏子不慌不忙地对他们说："三位都是国家栋梁、钢铁卫士。这宫廷后院新引进了一棵优良的桃树，国君要请你们品尝这一次结的桃子。可是现在熟透的只有两个，就请将军们根据自己的功劳来分这两个桃子吧。"晏子露出一副很为难的样子。

三将中，公孙接是个急性子，抢先发言了："想当年我曾在密林捕杀野猪，也曾在山中搏杀猛虎，密林的树木和山间的风声都铭记着我的勇猛，我还得不到一个桃子吗？"说完他上前大大方方取了一个桃子。田开疆也不甘示弱，第二个表白："真的勇士，能够击溃来犯的强敌。我老田曾两次领兵作战，在纷飞的战火中击败敌军，捍卫齐国的尊严，守护齐国人民，这样还不配享受一个桃子吗？"他自信地上前取过第二个桃子。古冶子因为不好意思太争先，客气了一下，不料一眨眼的工夫桃子就没了，他顿时怒火中烧："你们杀过虎也杀过人，够勇猛了。可是要知道俺当年守护国君渡黄河，途中河水里突然冒出一只大鳖，一口咬住国君的马车，将其拖入河水中，别人都吓蒙了，唯独俺为了让国君安心，跃入水中与这个庞大的鳖怪缠斗。为了追杀它，我游出九里之遥，一番激战取了它的性命。最后我浮出水面，一手握着割下来的鳖头，一手拉着国君的马车，当时大船上的人都吓

呆了，没人以为我会活着回来。像我这样，是勇敢不如你们，还是功劳不如你们呢？可是桃子却没有我的了！""喤啷"一声，他拔出自己的宝剑，剑锋闪着凛凛的寒光。前面两人听后，不由得满脸羞愧："论勇猛，古冶子在水中搏杀半日之久，我们赶不上；论功劳，古冶子护卫国君的安全，我俩也不如他。可是我们却把桃子先抢夺下来，让真正有大功的人一无所有，这是品行的问题啊，暴露了我们的贪婪、无耻。"两个自视甚高的人物，把自己的荣誉看得比生命还重要，此时自觉做了无耻的事，便羞愧难当，于是立刻拔剑自刎！两股鲜血，瞬间便染红了宫殿的地面。古冶子看到地上的两具尸体，大惊之余，也开始痛悔："我们本是朋友，可是一会儿的工夫，他俩全死了，我还活着，这就是不仁；我用话语来吹捧自己，羞辱朋友，这是不义；觉得自己做了错事，感到悔恨，却又不敢去死，这是不勇。我这样一个'三不'的人，还有脸面活在世上吗？"于是他也自刎而死。区区两个桃子，顷刻间让三位猛将都倒在血泊之中。齐景公也有些伤怀，于是下令将他们葬在一起。

　　三位勇士的"君子之风"固然让人敬佩，但做事不分轻重，只知一味争强好胜便是莽夫的行为了，晏子正是利用了三人的弱点，利用了他们的鲁莽冲动。他们开始时比较骄傲，都看重自己的功劳，是古冶子的一番话让另外二人感到羞耻，当他们觉得自己做错事情时，便立刻用生命去弥补耻辱，这是一种很"高贵"的精神，但却不是一种正确的选择。是人就会犯错，但当我们真正发现自己的错误时，一定要静下心来想一想错在哪儿，错的原因，积极改正，知错能改善莫大焉。否则，一味的冲动带给自己的往往是灭顶之灾。

韩信忍胯下之辱，成就千秋大业

　　垓下，楚军军帐里冷冷清清，曾经的楚霸王项羽和他仅有的几千名将士，被数以万计的汉军重重围困。夜幕下，军帐外异常寂静，突然灯火四起，四面响起久违的楚歌，饱经战争之苦且已筋疲力尽的楚军将士想起了久违的家乡。终于，楚军崩溃了。因楚王的落败而造就的另一个英雄——韩信，运筹于千里之外，决策于帷幄之中，此时此刻历史将他推到了人生的顶峰。

　　而在数年以前，韩信还只是一个身无长物、寄人篱下的小人物。韩信很小的时候就没有了父亲，母亲后来也去世了，留下韩信一个人孤苦伶仃地生活。而韩信又性格放纵，不拘礼节，没有人肯推荐他去做官，他也没有经商谋生的才能，只能靠着别人的施舍过活。曾经有一段时间，韩信经常到一个亭长家里去蹭饭吃，接连吃了好几个月。亭长的妻子非常讨厌他，就很早起床把饭做好，先吃了，等韩信到时间过去吃饭，饭已经没有了。韩信很快就明白了她的意思，他心里非常气愤，从此便不再去亭长家吃饭了。

　　一次，韩信在淮阴城下的河边钓鱼，旁边有几位老大娘在那儿洗棉絮。有一位大娘见韩信一副饥肠辘辘的样子，就把自己带的饭分给韩信吃。此后，接连几十天那位大娘都把饭分给韩信吃。韩信非常高兴，也非常感激，说道："我将来一定要好好报答您。"那位大娘听后非常生气，说道："谁要你的报答，你堂堂男子汉应该自己养活自己。我是看你可怜才给你饭吃的。"韩信听了，心里非常羞愧。

当时淮阴城内，有一个好事的屠夫，经常有事没事的欺负、侮辱韩信。有一天，他见韩信又挎着剑在城中游走，心里很是鄙夷。于是，他大踏步地走到韩信跟前，挡住韩信的去路，指着韩信的鼻子，轻蔑地说道："别看你长得这么高大，又随身带着剑，可是骨子里是一个贪生怕死的胆小鬼。你说我说得对不对？"韩信知道他是故意找茬，懒得搭理他，扭头便走。屠夫见韩信避开自己，便提高了嗓门儿，大声地说道："说你是胆小鬼你还不服气，是吧？那这样吧！你要不怕死，就拿剑刺死我，你要是怕死，就从我的胯下爬过去。"说完，又走到韩信的跟前，两手叉腰，两腿跨开，挡在韩信面前。屠夫的这一举动引来很多人的围观。很快，韩信和屠夫就被人群围住了。屠夫见人越来越多，便越发的猖狂。韩信看了看一脸得意的屠夫，又看了看周围那些急不可耐的围观者，心想这次很难全身而退了。犹豫了一会儿，韩信低下头，俯下身，从屠夫的胯下爬了过去。屠夫见状，哈哈大笑，说道："就知道你是个胆小鬼。"周围的人也都嘲笑韩信，说他是个贪生怕死的胆小鬼。此时，只有韩信自己心里清楚，他这样做只是为了保全自己，不让自己的人生从此背负杀人的罪名。

多年以后，当韩信征战沙场奋勇杀敌，为西汉立下汗马功劳，被刘邦封为楚王衣锦还乡时，他派人找到当年在河边分饭给他吃的老大娘，送给她黄金一千两作为报答；又找到那位亭长，赏给他一百钱，并对他说："你是个小人，做好事有始无终。"最后，他派人把当年让他受胯下之辱的屠夫找来。那个屠夫听说是韩信要找

他，心里非常害怕，以为韩信肯定会惩罚他，甚至是杀了他，以报当年的仇。可是，韩信见到他之后，非但没有羞辱、惩罚他，反而给他封了个官儿。身边的将士对此疑惑不解，韩信解释道："虽然当年他侮辱了我，但这却磨炼了我的意志，让我学会了忍让。你们以为当年我真的是因为胆小才不杀他吗？如果我当年杀了他，就得偿命，就不能实现自己的抱负，不能封侯拜将，所以说到底，我还得谢谢他。"

有时候低头、忍让也是一种很好的策略，尤其是面对一些无聊之人，或者无赖强加给我们羞辱的时候。就像故事中屠夫对韩信的羞辱，明显就是无稽之谈，是他自己捏造出来挑衅韩信的。如果韩信当年没能忍住，逞一时之快，为了证明自己的勇敢真的把他给杀了，那么他这一辈子都要背着杀人犯的罪名，很难有出头之日。因此，有时候低头是为了以后的扬眉吐气，忍让是为了日后的洗雪前耻。

王烈遗布

在一个寒冷的冬夜,村子里寂静无声,道路上没有任何人迹,整个世界仿佛就此凝固。突然一阵急促的狗吠声蓦然响起,接下来是一阵奔跑的脚步声,很快,整个村子沸腾起来了。

原来是有人偷牛被抓住了。只见那个偷牛贼被五花大绑,牛的主人怒火中烧,气得龇牙咧嘴,说道:"你个该死的偷牛贼,竟然敢到我家来偷牛,看我这次不好好教训你。"说罢,便抡起手中的麻绳,准备动手。旁边的村民也都义愤填膺地说道:"对,一定要好好教训他。"

偷牛的人看着周围这些怒不可遏的村民,知道自己这次肯定是在劫难逃,便向牛的主人说:"牛确实是我偷的,你们要打、要杀,怎么惩罚我都可以,但是请你们千万不要把这件事告诉王烈。"

牛的主人一听他这么说,非常的错愕,追问道:"你说的可是平原县的大商人王烈?"

"对,就是他,请你们千万不要把今日之事告诉他。求你们了。"偷牛的人哀求道。

牛的主人听他这么一说,语气顿时缓和,便暂时把他关起来,并且派人把这事告诉了王烈。

王烈听说后,马上派人向牛的主人求情,请他宽恕那个偷牛的人。牛的主人一看是王烈派人来求情,二话没说就把那个偷牛的人给放了。偷牛人被放出来以后,王烈还专门派人送了半匹布给他。

73

事后，有人问起王烈："你怎么会跟那个偷牛的人有交情？"王烈说："我跟他没交情，我根本就不认识他。"

"那你为什么要帮他，为他求情，还给他送东西？"那个人疑惑地问道。

"他偷牛确实不对，可是他害怕这件事让我知道，就说明他还是有羞耻心的。有羞耻心就说明他还有改正错误的可能。我这样做是想激励他以后要改过向善。"王烈回答说。

后来，有个老人不小心在赶路的途中把宝剑给丢了。一个过路人刚好看到了这把宝剑，他怕宝剑被别人捡走，便守在宝剑旁边等失主回来，一直等到傍晚，老人才回来找宝剑。老人拿着宝剑惊奇地询问那个守剑人的名字，并且把这件事告诉了王烈。王烈随后派人去查访，发现这个人就是那个因偷牛被抓的人。原来那个偷牛的人一直都非常敬佩王烈。上次王烈帮他求情，给他送布，他非常感动，没想到王烈会对他这个偷牛贼这么好。当时他便下定决心一定要痛改前非，不再做坏事，要向王烈学习，做一个乐善好施的好人。由此，"王烈遗布"的故事也成为当地人竞相传颂的佳话，成为人们世世代代相传的美谈了。好几次，官府要求各地推荐一些德行高尚的人去做官，当地的负责人每次都想推荐王烈，可都被他拒绝了。董卓作乱时，为了躲避战乱，王烈从山东迁到辽东，辽东的老百姓也很快被他的高尚所感染和折服，对他非常尊重和佩服。曹操曾多次想聘请王烈做官，但都被他拒绝了。

王烈的高尚不仅在于他能够做到忠孝仁义、乐善好施，更在于他懂得教化别人，激励别人知耻迁善，真正做到了孔子所说的"己欲立而立人,己欲达而达人"。自己想要确立的东西也要帮别人确立,自己想到达到的境界也要帮助别人达到。按照中国古代士、农、工、商的等级划分来说,王烈作为一个商人本来处于社会的最底层,然而他用自己高尚的德行感染了无数人,受到上至达官显贵、下至平民百姓的爱戴和尊重。由此可见,能否受人尊重和爱戴,能否青史留名,与人的社会地位并没有直接的关联,关键在于个人自身的德行。只要德行高尚必然会受到人们的尊敬与爱戴,甚至是青史留名。相反,德行卑劣的人,地位再高也必然会遭到人们的唾弃和谴责,更别说青史留名了,不遗臭万年已经是万幸。

周处知耻除三害

与蛟龙在水里搏斗和厮杀了两天两夜，已经让周处疲惫不堪，而眼前的蛟龙似乎毫发无损，斗志犹存。周处开始绝望了，他想放弃，任由蛟龙肆虐。可就在这时，周处忽然想起几天前遇到的老伯，想起自己曾经许下的豪言壮语。

几天前，周处在乡里闲逛，突然看见一个老伯坐在路边满脸愁容，很不开心的样子。他很好奇，便走向前问道："老伯，今年风调雨顺，庄稼大丰收，你为什么还发愁、不开心呢？"

"我们城里的三害还没有除掉，有什么可高兴的？"老伯叹息道。

周处一听，觉得很奇怪，心想：自己在这阳羡城待了这么多年，怎么就没听说过，也没见过有三害呢？便追问道："是哪三害啊？"

老伯回答说："南山上的猛兽，长桥下的蛟龙，再加上城里的周处就是三害了。"

周处听完，有些惭愧，原来自己和猛兽、蛟龙一样凶残，一样的祸害老百姓，便说："如果这些都是祸害的话，那我可以把他们都除掉。"老伯听后，有点儿半信半疑，说道："你要是能除掉这些祸害，那就太好了。"

"一定会的，老伯你放心吧！这点儿事还难不倒我周处！"说完，周处转身就走了，留下一脸惊愕的老伯。

之后，周处便开始筹划他的"除害"行动。当一切准备就绪了，周处的第一个目标就是南山上的猛兽。经过一番激烈的厮杀，周处成功

了。眼前的蛟龙是第二个目标，只要除掉蛟龙，自己就成功了。

一想到这些，周处便精神抖擞、斗志昂扬，一个转身，周处避开了蛟龙的袭击，又一个飞扑，周处冲向蛟龙，准备开始新一轮的搏斗。最后，蛟龙被杀死了，周处成功了。

当筋疲力尽的周处回到岸边，准备回去把这个好消息告诉大家时，他发现乡里的老百姓都在张灯结彩地庆祝。周处刚开始还以为是他们在为他除掉了猛兽和蛟龙而高兴，可是一问才知道原来他们是在为周处的死而庆祝。周处为此非常伤心和惭愧，他没想到自己对大家的祸害有这么深，以至于大家如此恨他，希望他早儿点死。伤心和惭愧之后，周处便决定改恶向善，把百姓心目中的"第三害"也除掉。

后来，周处拜西晋著名的文学家陆机和陆云为师。学成后的周处，文武双全、品行高尚、正直忠烈，得到了朝廷的重用，先后担任东吴的东观左丞，西晋的新平太守、广汉太守和御史中丞。西晋元康六年（公元 269 年）西北少数民族叛乱，周处被封为建威将军，奉命西征。第二年春天，他在六陌（今陕西乾县）战死沙场，死后被追赠"平西将军"头衔，赐封孝侯。

从为害乡里到为国捐躯，从蛮横无理到忠诚正直，周处顺利地完成了从恶到善、从小人到君子的大逆转。而促使他逆转的就是他知耻改过的决心和勇气。由此可见，人是可以改变的。只要能痛下决心、立志改过、坚持到底，浪子也能回头，恶人也能从善，成为一个有用的人。相反，如果不知悔改，一错再错，就只能越来越堕落，最终被社会和人们所厌恶和抛弃。

唐太宗赐麦麸

清晨，右卫将军陈万福揣着一颗极为忐忑的心，颤颤巍巍地向朝堂走去，额头上不时冒冷汗，他知道自己闯了大祸，心里非常紧张和害怕。他在等待即将到来的"暴风雨"。

朝堂之上，唐太宗像往常一样正襟危坐着，没有任何异常。朝堂两边站满了文武百官，个个神情肃穆。这让陈万福原本惴惴不安的心更加慌乱了。但，是祸躲不过，他早有了心理准备。

可是，当他拜见唐太宗的时候，唐太宗并没有大声地呵斥他，也没说要处罚他，而是和颜悦色地说道："听说陈将军很喜欢麦麸，今天朕就赏你些麦麸，你自己背回家去慢慢享用。"话毕，侍臣们一个接一个地搬着麦麸进来了，并且把它们堆放在陈万福面前，没过多久，就堆出了一个小山包。

看着眼前堆积如山的麦麸，陈万福顿时满脸通红、羞愧不已。这时在场的文武官员也开始交头接耳，窃窃私语，对着陈万福指指点点。这让陈万福更加无地自容，恨不得找个地缝赶紧钻进去。可是皇命难违，陈万福不得不在众目睽睽之下，低头弯腰，一趟又一趟地把麦麸背回家。

待到背完麦麸，陈万福已经累得直不起腰来了，想起今天的遭遇，陈万福悔恨不已，后悔自己当初不应该贪小便宜，违法索取不义之"财"。

原来在贞观六年（632 年），陈万福从九成宫（位于今陕西宝

鸡市麟游县新城区)去京城长安(今西安市)。一路上，陈万福骑着高头大马，大摇大摆，威风十足。走着走着，陈万福觉得有些累了，便找了个驿站打算休息一两天再走。在驿站，陈万福不经意间走到驿站存放麦麸的地方。看着堆得像小山一样高的麦麸，陈万福立马两眼放光，睡意全无，心想：这麦麸还是不错的，可以拿来入药，也可以拿来喂马。既然都看到了，不带点儿回去多可惜啊。

第二天，陈万福便让手下的侍从把驿站的驿丞叫过来，对他说："我们这大队人马，一路走来，消耗非常大。我看你们驿站还挺富裕的，在库房放了那么多担麦麸。要不你支援给我们点儿？"驿站的驿丞听完后，知道陈万福打上了那些麦麸的主意，他自知人微言轻，只能说："好，好，陈将军您看着办吧！"陈万福听后，心里很满意，微微一笑，说道："很好。你可以退下了。"等那个驿丞退下去，陈万福身边的一个侍从走到他身边，小声地说道："小的听说圣上最讨厌有人贪污。"陈万福听后，非常生气，说道："我堂堂右卫将军，为圣上南征北战，立下多少汗马功劳，拿这么几担麦麸怎么能算贪污？"那个侍从听后，赶紧低下头，说："将军说得对，小的太愚蠢了。"陈万福说："不过，小心驶得万年船，你待会儿去跟那驿丞说，不能把这事儿说出去，否则后果自负。"侍从说："好，小的这就去。"临走的时候，陈万福特意交代手下的侍从挑了几十担好的麦麸带走。等麦麸装好后，陈万福看着自己的意外收获，心满意足地扬长而去了。

可俗话说："世上没有不透风的墙。"陈万福一到长安，便有人告诉他,他违法索要驿站麦麸的事还是被别人知道了,不仅传遍了长安,而且被人告到了太宗皇帝那儿,惹得皇帝非常生气。唐太宗一向最讨厌手下的官员贪赃枉法。虽说那些麦麸值不了多少钱,可陈万福的行为却是明目张胆地违法索取他人之物,影响非常恶劣。

唐代史官吴兢在《贞观政要》里记述此事说:"太宗赐其麸,令自负出以耻之。"唐太宗赏赐陈万福麦麸,并让他亲自背回家的真正目的就是要让他意识到当官不清廉,贪图一时的私利,占用国家的公共财产是可耻的。陈万福可能连做梦都想不到,区区几袋麦麸不仅让自己在世的时候受到别人的嘲笑和唐太宗的教训,而且在死后也"名留青史",为后人所耻笑。因而,在日常生活中,我们一定要自觉约束自己的行为,谨言慎行,说不定哪天我们做了错事或坏事,就被史书记录在案,就要生生世世为后人耻笑;同样,说不定哪天我们做了好事,被载入史册,就要世世代代为后人所称赞和颂扬。

湛贲及第

由远处而来的锣鼓声，打破了小城的宁静，也给小城带来了久违的喜庆。人们纷纷走出家门，随着锣鼓声前进。很快，锣鼓声停在一间破旧的小矮房前。只见敲锣鼓的人利落地收起了手中的锣鼓，两个官差迅速从马上下来，走到矮房前，毕恭毕敬地说了一声："请问，湛贲湛老爷在家吗？"

此时的湛贲正在为病床上的母亲的药费而苦恼。多年来，他一直专心读书，家里完全靠妻子做女红支撑着，这次母亲病倒一下子让家里捉襟见肘了。所以现在的他完全陷入沉思和苦恼之中，以至于对家门口儿的这一切全然不觉。幸好，一旁的妻子听到了来人的问话，提醒湛贲有客人来了。

官差见湛贲出来了，便主动迎上前，恭敬地说道："恭喜！恭喜！湛老爷这次高中了！"湛贲简直不敢相信自己的耳朵。从小家境贫寒、身份低微的他，经历了多次的落榜与失望，他已经有些麻木，从来没有被人这么称呼过，顿时惊呆了！湛贲的妻子这次听得很清楚，眼泪刷的一下流了出来。湛贲见妻子如此反应，有点儿回不过神来。官差见状，赶紧把公文递给湛贲。湛贲激动地打开一看，"湛贲"两个字赫然地写在里面。他揉了揉眼睛，再看一遍还是如此。湛贲合上公文，激动得哭了起来，边哭边说："皇天不负有心人，总算是中了！"

湛贲高兴得有些晕，喜极而泣的同时，十几年来的辛酸和屈辱涌上心头。湛贲永远都忘不了妹夫彭伉中进士时，自己所受的屈辱。

当年，彭伉高中进士荣归故里的情形可以说是风光无限，只见彭伉抬头挺胸，骑着高头大马，胸前挂着大红花，前边锣鼓开道，缓缓前行。彭伉一回到家，当地的乡绅名流、远亲近邻都第一时间赶过来道贺。屋内高朋满座，众人喜笑颜开，屋外锣鼓喧天，鞭炮齐鸣，好一派喜气盈门的景象。可是，这时作为近亲的湛贲却被冷落在一旁。原本论亲眷辈分和当地的风俗，湛贲应该和其他贵客一样在首席中坐着。但湛贲身份低微，当时只在当地的县衙里当个小官儿，再加上彭伉本来就嫌他没本事，看不起他，现在中了进士，两人天壤之别，就更加看不起他了，索性把湛贲跟他妻子安排在后面的厢房就餐。坐在厢房里的湛贲很气愤，感觉受到了莫大的侮辱，总觉得身边的人都在嘲笑自己，吃什么都没有胃口，可以说是食不下咽，舌不辨味。一旁的妻子见丈夫这般情形，心里也很不是滋味，便好言相劝道："男子汉大丈夫应该自我勉励，奋发图强，不能让自己永远贫穷，也不能让自己受别人的侮辱。"湛贲听了妻子的话非常感慨，没想到妻子这个时候不仅没有瞧不起自己，还积极地鼓励自己，当即便下定决心，一定要好好读书，考上进士，以洗今天的耻辱，好好报答妻子。从那以后，湛贲便开始"头悬梁，锥刺股"地发愤苦读。

很快，湛贲高中的消息传遍了四里八乡，亲友邻居们更是奔走相告。消息传到彭伉耳朵里时，他正骑着毛驴准备过赤板桥。彭伉一听到湛贲也高中进士了，而且考得比自己好，便回想起自己曾经狂妄自大、羞辱湛贲的事，顿时愧悔交加，惊叹一声，从驴背上摔了下来。当地人听说彭伉是因为听说湛贲高中的事后悔不已而从驴背上摔下来，便编了个"湛贲及第，彭伉落驴"的故事。后来，有些好事者则拿彭伉摔下驴的那座桥做起了文章，将桥的名字由赤板桥改为"落驴桥"，还将城东一条巷子取名为"落驴巷"。再后来，人们为了纪念刻苦攻读的志士湛贲，将此桥正式更名为"湛郎桥"，并一直沿用至今。

俗话说"三十年河东，三十年河西"，人生充满了变数，每个人的人生都会有失意和得意的时候。在失意的时候，我们要像湛贲一样，知耻而后勇，奋发向上，唯有如此，我们才有机会摆脱困境，迎来人生的巅峰期；否则，只能一直处在低谷，一蹶不振。在得意的时候，我们要谦虚、低调，不能像彭伉那样不可一世、目中无人，最后落得个被人嘲笑的下场。

范纯仁但求无愧于心

权倾一时的司马光倒台之后，所有曾经与司马光交往过密的人都受到了打压。此时的北宋朝廷，人心惶惶、个个自危。正当大家都在上蹿下跳、绞尽脑汁撇清自己与司马光的关系，以求免罪时，有一个人异常安静和淡然。他就是范纯仁。范纯仁与司马光在政治立场上同属于"保守派"。他曾经与司马光一起反对过王安石变法，为此还被贬官。范纯仁的淡然，使得周围的朋友都为他担心。

一天夜里，一个朋友连夜跑到范纯仁家里，说是有好消息相告。范纯仁没想到这个时候还有人敢来看望自己，心里很感动，问道："有什么好消息啊？"

"你知道韩维吧！他前段时间因为司马光的事差点儿被贬官，可他临时想到自己曾经与司马光有过政见不和，于是上书皇上痛斥司马光的罪行，结果他被赦免了。"那个朋友饶有兴致地说道。

范纯仁听完，冷笑了一声，说道："真是树倒猢狲散，墙倒众人推啊！"随后，他追问道："这也能算好消息？"

那个朋友诡异地笑了一下，说道："难道你忘记了，当初你跟司马光在是否应该废除青苗法的问题上也是意见不合。你完全可以效法韩维，以这件事为理由，向皇上请求免罪。"

朋友的话勾起了范纯仁的回忆。当初王安石倒台，范纯仁满心欢喜，以为跟着司马光终于能够一展身手，造福百姓，可是两人在是否应该废除青苗法的问题上有所分歧。司马光上台后打算把王安石制定的新政策都给废除掉。可是，范纯仁认为新政中的青苗法只要实行得好，既可以减轻百姓的负担，让他们不再受高利贷的盘剥，又可以增加国家的财政收入，可以说是利国利民的良策，实在不应该废除。为此，他还特地劝说过司马光，希望他能够顾全大局、公私分明，不要废除青苗法。可是，当时的司马光完全沉浸在推翻王安石的喜悦与兴奋之中，他全然不顾范纯仁的劝说，执意废除青苗法。为此，两人还心生芥蒂，以致关系疏远了些。

想到这些，范纯仁不由得感慨道："哎！确实是一个执拗的丞相！"

正当那个朋友为自己的聪明暗自窃喜时，范纯仁突然严肃地说道："谢谢你的好意，可是我觉得我跟司马光同朝为官，有时候会意见不合，这是很正常的，要把这个当作脱罪的理由，实在太牵强，也太过分了。"

那个朋友着急地劝说道："可这是目前能让你免罪的最好办法。"

"我宁愿没有愧疚地死，也不想带着愧疚活。"范纯仁有些激动地说道。

那个朋友听完，不由得对范纯仁肃然起敬，说道："你范纯仁果然是个光明磊落的君子。"

最后，范纯仁的刚正不阿、光明磊落最终打动了皇上，官拜丞相，成为北宋著名的"布衣丞相"，深受皇上的赏识和百姓的爱戴。

俗话说"举头三尺有神明"，任何人只要做了坏事都会有被发现的一天，做人就应该像范纯仁一样凡事但求无愧于心。唯有如此，才能"仰不愧于天，俯不怍于地"，一生坦荡，光明磊落。否则，就会在内疚和恐惧的阴影中苟且地虚度一生。

卢革避试

　　天刚破晓,淡青色的天空还镶着稀落的几颗残星,伴着残存的月光,不到14岁的卢革出发了,赶去参加他人生第一次科举考试。一路上,卢革非常激动和兴奋,他没想到自己这么小就有机会参加科举考试,如果自己这个年纪就能一举高中,就能报效朝廷,光耀门楣了。一想到这些,卢革便更加激动和兴奋,不禁加快步伐,很快便来到考场外。

　　看着庄严肃穆的考场,卢革有些紧张了。一道陪同而来的父亲见状,便安慰道:"不用紧张,你还这么小,即使这次没高中,以后还有的是机会。"卢革怕父亲担心,连忙回答:"是的。"说完,父子两个朝人群中走去,打算熟悉一下考场周围的环境。卢革走着走着,突然在人群中听到有人提到自己的名字,好像是在议论自己,心想这些人肯定是议论自己小小年纪就能参加科举考试,所以并没有在意。可是,卢革渐渐地发现,有些人开始对自己指指点点,眼神中充满了鄙夷,卢革非常诧异。他仔细一听,才发现原来他们在说:"那个卢革欺世盗名,根本没有真本事,也不是什么神童,考试也是托关系找知府大人才有资格进来的。"卢革听到之后很气愤,说:"我一直以为考官是欣赏我的才学,才让我来参加考试的。原来是走后门才有的,真是让我感到可耻。通过这种可耻的方式来参加考试,即使考中了,也是不光彩的。还不如不考。"说完他拂袖而去,没有参加考试。

原来，杭州知府马亮曾经到德清去体察民情，听到百姓说德清出了一个三岁能写字，五岁能作诗的神童，觉得非常不可思议，便派人到卢革家将他带过来，想亲自看一下卢革是否真的有传说中那么神。可惜，卢革当时正好跟随母亲外出，不在家。派去的人怕没办法交差，就只好让卢革的父亲带着卢革作的诗来见马亮。马亮见卢革没来，心里有点儿失望。可是，当他看到卢革的诗时，顿时心旷神怡，情不自禁地感慨道："好诗啊！果然是神童。"这个时候，恰逢科举考试，马亮见卢革的学识非凡，想让他参加考试。但按照科举考试的规定，卢革的年龄还太小，没有资格参加考试。马亮回去后，见了当地的主考官，并嘱咐他要让卢革参加这次的科举考试。接到通知的时候，卢革和他的家人都非常惊讶，他们没想到卢革这么小就能参加考试。同时他们也非常高兴，尤其是卢革自己，他心想："皇恩浩荡，让我这么小就有机会出人头地，这次一定要好好表现。"

从考场回家后，卢革心想：大家都说我没有真本事，好，我勤奋读书，过几年考出好成绩，看谁还敢这样说我。于是卢革开始刻苦读书，两耳不闻窗外事，一心只读圣贤书。时间匆匆而过，转眼就过了两年。卢革去参加科举考试，竟中了第一名，顿时轰动了整个浙江，此时他才是个十几岁的小孩。从此以后，再也没有谁敢说他不是神童了。卢革也没有因此就满足，继续发愤苦读，到了进士及第的时候，年纪也才只有16岁。

后来卢革的故事传到了神宗皇帝的耳朵里，神宗对宰相说："一向晓得卢革是一个有廉耻、重恬静的读书人，应当叫他做嘉郡太守。"后来,卢革官至泉州和宣州刺史。卢革一生公正廉洁,爱护名节,少年读书时以知府的私自推荐为耻辱;中年做官,被皇帝赞曰:"革廉退如是,宜与嘉郡。"意思是卢革做官非常廉洁,谦和,应该给他加官晋爵。

　　对于古代读书人而言,参加科举考试并且考出好成绩是毕生的梦想和至上的荣耀。卢革也不例外。他也特别想参加科举考试,施展自己的才华,可是,在卢革眼里,通过徇私舞弊,"走后门"得来的考试资格是莫大的耻辱,宁可不要。孔子曾说过:"富与贵,是人之所欲也。不以其道得之,不处也。"富与贵是人人都想要的,如果不是通过正规渠道获得,就不应该拥有它,应该放弃。卢革以知府大人徇私情赐予的考试资格为耻辱,并且坚决拒绝考试,正是对孔子这句话的印证。

王守仁证羞耻

"大人有令,将堂下之人带上堂来。"一个捕快大声喊道。

伴随一阵"杀威棒"触地声,两个捕快快速地将一个蓬头垢面的犯人从堂下拖了上来。

"升——堂——"又是一个浑厚的声音。后堂里走出来一位其貌不扬的县官。

堂下的犯人似乎见惯了这种场景,只是轻轻地用眼睛瞟了瞟县太爷。

"堂下之人,你姓甚名谁?"县令大声问道。

犯人是个强盗头子,跪在下面,仰着头,斜着眼,不说话。

县令以为他没听见,就重复了一遍,但犯人还是不说话。县令以为他还是没听见,就打算走下堂,靠近点儿说话。当县令刚要走下来的时候,犯人突然站起来,很不屑地说道:"你不就是到处跟人讲,人人都有良知的王守仁吗?老子告诉你,你那套根本就没用。你就别再跟老子废话,浪费时间了。反正已经被你抓到了,要杀要剐,随你便。"活脱脱一副死猪不怕开水烫的样子。

县令见他这样,不仅没有生气,反而微微一笑,示意堂下的捕快散去。

"那好,我们今天就不审案了,咱们坐下来随便聊聊如何?"县令一脸和气地问道。

强盗头子听后,有点"丈二和尚——摸不着头脑",非常不解,

不知道他究竟想干吗。

"不过你看今天天气这么热,要不你把外衣脱了。"脱衣服可以凉快凉快,还能松松绑,让手脚舒服些,强盗头子想了想便答应了,把外套给脱了。

"天气还是太热了,你把内衣也脱了吧!"他刚脱完外衣,县令又对他说道。

"也好,光着膀子更舒服,自在。"于是,他很快把内衣也脱了,光着膀子站在大堂上。

"你看你,光脱衣服还是热啊,要不把裤子也脱了算了。"对着打算坐下的强盗头子,县令再次说道。

就这样,在县令的劝导下,强盗头子把外衣、内衣、裤子一件件都脱掉了,直到只剩一条裤衩。

就这样,一幅奇妙的场景出现了,一个县令,一个强盗,一个身穿长衣,一个只穿裤衩坐在一起。

只是没过多久,不知是不适应这种场面还是其他原因,强盗头子还是一直冒汗,看着不断擦汗的强盗头子,县官微微张了张嘴。

"看你这么热,不如你把裤衩也脱掉吧,一丝不挂岂不更自在,更凉快。"县官对着强盗头子快速说道。

强盗头子听后,立马紧张起来,紧紧地攥着自己的裤衩,说道:"这可不行。"

"为什么不行,你连死都不怕,又何必在乎一条裤衩呢?"县令知道自己已经胜券在握了,便乘胜追击问道。

强盗头子一时脸涨得通红,但也不知道说什么好,便低下头不敢再看那位县令了。

"看来你还没到厚颜无耻的地步，还是有羞耻心的。你这羞耻心就是我要说的良知。"县令语重心长地对强盗头子说道。

"大人，你真是大圣人。谢谢你今天让我知道，原来我还是个人，还是有良知的。"强盗头子一脸的忏悔。县令会意地点了点头，说："其实每个人都是有良知，有羞耻心的。你只不过是受到了环境的影响而遮蔽了良知。"随后，那个强盗头子便把自己的罪行一一交代清楚了。

连十恶不赦的强盗都有羞耻心，更何况我们这些正常人。在日常生活中，我们要好好运用羞耻心，自觉约束自己的行为，做到有所为，有所不为，不让自己像动物一样完全凭着本能与欲望行事；不让自己像禽兽一样只知道弱肉强食、欺善怕恶、恃强凌弱。

朱冲送牛

　　这一天，朱冲像往常一样，把牛放在山坡上吃草，自己便靠着旁边的大树，在树下看书。突然，有个人跑过来，要把朱冲的牛牵走。

　　朱冲见状，觉得莫名其妙，急忙上前阻止，说："这是我的牛，你为什么要牵我的牛？"

　　那个人听罢，振振有词地说："你这人怎么满嘴胡话，这明明就是我家的牛。"说完，便强行把牛牵走了。

　　朱冲拧不过，只能眼睁睁地看着牛被牵走。过了一会儿，那个人在旁边的树林里看到了自己的牛。这时他才恍然大悟，原来满嘴说胡话的是自己，顿时羞愧不已。犹豫了一会儿，他找到朱冲，要把牛送还并面红耳赤地说道："很惭愧，刚才是我认错了牛，太抱歉了。"朱冲接过牛，笑着说："没关系的，牛长得都差不多，你认错了是很正常的。而且你也把牛送回来了，没必要谢罪的。"那个人连忙说道："谢谢你的宽容和理解。我们全家就指望着这头牛过活了，所以它走丢后，我非常紧张，一紧张就把牛给认错了。"朱冲听完，心里酸酸地，说道："难怪了，那你以后一定要把牛看好了。"沉思了片刻，他接着说："我把这头牛也送给你吧！希望能够改善一下家里的生活条件。"说完朱冲便把牛缰绳递给那个人，转身走了。这个突如其来的大礼让那个人激动得不知如何是好。等他回过神来，朱冲已经走远。望着朱冲远去的背影，那个人感动不已，不停地说："真是个大善人，以后一定要向他学习。"

朱冲还有个邻居，平时非常爱占小便宜，经常把自己的牛放到朱冲家的地里吃庄稼。朱冲看到了不仅没有生气，而且每次都会拔一些草喂那头牛，有时候收工回家时，牛的主人还没有来牵牛回去，朱冲还会亲自把牛送回去，并说："你家牛多草少，有什么需要帮忙的地方尽管说。"牛的主人刚开始还以为朱冲说的只是客气话，心想：天下怎么会有这么好的人，心甘情愿地让人占便宜？我可不信。久而久之，牛的主人发现朱冲真的是说到做到的大善人，于是对自己的行为感到非常惭愧，再也不放纵自己的牛去朱冲家的地里吃草，再也不占别人便宜了。就这样，朱冲用他的宽容大度、善良仁慈，感染着身边的每一个人，使当地的风气发

生了很大的变化。后来，朝廷要每个地方推荐一些德行高尚的人来做官，当地的官员把朱冲推荐了上去。朱冲知道后，谎称自己生病了不能去做官。过了一段时间，朝廷又下诏书要他去做官，他还是找了个借口不去。以后每次朝廷要诏他去做官，他都躲到深山里。当地的人都非常敬佩他，都说他是安贫乐道、隐逸不仕的高人，就连一向以民风彪悍著称的羌族人都像对待君王一样对待他。

对于别人的不善之举，最好的做法不是让他自食恶果，而是帮助他认识到自己的错误，改恶从善。赠人玫瑰尚能手有余香，助人向善更能心有余善。在这个故事中，朱冲正是用他的善良和宽容让别人认识到丑恶，感到惭愧，从而改过自新，弃恶从善，这才是真正的君子之行。

马医不耻

傍晚时分，炊烟袅袅升起，落日的余晖给房顶铺上了一层金边，在外面玩耍的孩子纷纷跑回家，路上的行人也加快了步伐。这个时候，一个衣着破烂但却容光焕发的人出现在街道上。街上的熟人看到他纷纷停下脚步，神情诧异地上下打量着他。突然，有个人走上前，对着他说："好久不见了，你衣着没变，可却精神抖擞。马医本来就是一个被人瞧不起的职业。你为了混口饭吃，竟然跑去给马医打杂儿当下手。难道你不觉得自己比马医还低贱，不觉得这是莫大的耻辱吗？真不知道你有什么值得精神抖擞的？"这个人沉默了一会儿，平静地说道："在我看来，天下最大的耻辱就是靠乞讨度日，犹如寄生虫一般。过去，我萎靡不振，整日靠着别人的施舍过活，确实应该感到耻辱。可是，现在我给马医打杂儿，换取一日三餐，用自己的劳动养活自己，又怎么能说是耻辱呢？"

他的回答让在场的人大吃一惊，大家都难以相信这个曾经依靠乞讨过活的乞丐会有这样的自信。

原本他一个人无依无靠，也没有什么谋生技能，每天都穿着破衣烂衫，在城里沿街乞讨，依靠别人的施舍过活。刚开始的时候，人们见他衣服破破烂烂，蓬头垢面，面黄肌瘦，都非常可怜他，看见他来乞讨都会给点儿钱或者残羹剩饭。那个穷人觉得这样的日子虽然非常狼狈，但最起码每天都有吃的，能活下来，所以丝毫没觉得有什么不对的地方。可是，那时的"城市"并不大，他每天走来走去的都是那几条街，讨的总是那些个人家。时间长了，城里的人都被他讨遍了，人们也开始讨厌他，觉得他只知道靠乞讨度日，简直就是个寄生虫。慢慢地，人们不再可怜他，也不给他吃的了。

每次人们一开门看见来乞讨的人是他，都会马上把门关起来。在大街上，人们看见他都会躲得远远的或者假装没看见。就这样，他再也讨不到东西，每天就只能挨饿受冻。有时候，饿得实在受不了了，他就趁人不注意，跑去抢那些阿猫阿狗的吃食。运气好的话，能让自己吃个饱；运气不好的话，不仅吃不到东西，还会被咬伤。

还好天无绝人之路。恰好在这个时候，有个姓田的马医因为活儿太多，忙不过来，需要找一个人帮忙。他知道后，便跑去马医那儿，说是过来帮忙的。马医当时正在为找不到人而烦恼，见有人主动找上门来，心里高兴不已。不过，他看见来的是一个瘦骨嶙峋、无精打采的乞丐，心里有些担忧，说道："我这儿的活儿可是又累又脏，非常辛苦。看你这么瘦不一定吃得消，而且干活儿是没有钱的，只能提供一日三餐。"这个人听了连忙解释说："我只是最近没吃饭所以才这样的。只要能吃饱饭，我什么活儿都能干，什么苦都能受。请您一定要收留我，给我一次活命的机会。"话一说完，他就双膝弯曲，跪在了地上。马医看见了，赶紧把他扶起来，怜悯地说："好，好。你留下来，好好干活儿，我一定让你有饱饭吃。"

从那以后，他每天起早贪黑，在马厩里忙前忙后，什么脏活儿累活儿都抢着干，实在太累了，就在旁边的草堆上坐下休息一会儿，然后再干。每到吃饭的时候，他都特别开心。看着热腾腾的饭菜,虽然都只是一些简单的饭菜,可他每次都激动不已,吃得津津有味。这种安定的日子让他的生活变得充实,也让他看到了生活的希望,整个人也变得精神抖擞、神采奕奕。

劳动没有高低贵贱之分,任何时候,只要是依靠自己的劳动,自食其力都是值得赞扬和肯定的。相反,那些不劳而获,依靠别人施舍过活的人才是最可耻的,最应该受到鄙视的。

童第周为国雪耻

1930 年,比利时的比京大学(今布鲁塞尔自由大学)胚胎学权威达克教授正在为他的博士生们上实验课。

"你们谁能设法把青蛙卵膜剥下来?"达克教授向他的学生们问道。当然这个实验在当时的生物学界是非常难的,因为青蛙的卵只有小米粒那么小,外面还紧紧地包着三层像蛋白一样的软膜,手术也只能在显微镜下进行。

当时有很多学生都打退堂鼓,不敢尝试。突然一个叫童第周的中国学生自告奋勇地走到达克教授身边,礼貌地问道:"达克教授,我能试试看吗?"

"当然可以。"达克教授示意道。童第周走到显微镜前,不慌不忙地用一根钢针在青蛙卵上刺了一个小洞,让青蛙卵松弛下来,变成扁圆形,再用钢镊往两边轻轻挑开,最后让青蛙卵膜从青蛙卵上脱落出来。在场的人都震惊了,都为童第周精彩的演示所折服,尤其是达克教授。

"童第周真棒,中国人太厉害了。"他不由得惊叹道。他没想到这么多年都没有攻克的难题,竟然被童第周轻而易举地解决了。然而这个短暂的几分钟却不知花费了童第周多少心血。

童第周出生于浙江鄞县的一个农民家庭,家境贫寒,没有受过正规的小学教育,直到 17 岁才进入宁波效实中学学习。刚去效实中学的时候,童第周的成绩非常差,在全班倒数第一,差点儿被学

校开除。为了能够赶上同学，证明自己的能力，童第周每天起早贪黑，埋头苦读，晚上寝室熄灯了，就站在路灯下看书。慢慢地，童第周的成绩有了很大的提升，毕业考试他总成绩名列全班第一，以优异的成绩毕业并考入复旦大学。1927 年，童第周以高才生的身份从复旦大学毕业，第二年便到当时的中央大学当助教。1930 年，童第周怀揣着攀登生物学高峰的梦想，在亲朋好友的资助下，远渡重洋，来到比利时的比京大学研究胚胎学，攻读博士学位。然而，刚进校不久，童第周便发现有的外国留学生非常歧视中国人，经常非难和攻击中国人。

当时，与童第周同住的一个苏联人，就非常看不起中国人，经常奚落童第周。有一天，他看见童第周深夜从实验室回来，就挑衅地说："童先生，你可真辛苦啊！不过你们中国人太笨，太无能了，再怎么辛苦也没用的。"一听到这个洋鬼子口出狂言，侮辱自己的祖国，一向彬彬有礼的童第周再也压抑不住心中的怒火，说道："你凭什么说中国人笨。这样吧！你是苏联人，我是中国人，从明天起，你代表你的国家，我代表我的国家，咱们比比看谁先拿到博士学位。"

从那天起，童第周便暗下决心："一定要做好研究，一定要为国雪耻。"于是，童第周在学习上更加刻苦、勤奋，每天几乎都在实验室度过，没日没夜地做实验、搞研究。很多时候，为了研究清楚一个问题，他不厌其烦地重复实验，时刻守在显微镜旁，顾不上吃饭、睡觉是常有的事。无论遇到多大的难题，童第周都会迎难而上、坚持到底。果然，功夫不负有心人，童第周成功了。

很快，童第周成功剥下青蛙卵膜的消息传遍欧洲，震惊了生物学界。而童第周也迅速成为欧洲生物学界的热门人物。1934年，童第周以"甲等"的优秀成绩顺利通过博士论文答辩，获得博士学位。而那位曾经看不起他、看不起中国人的苏联人，面对童第周的成绩不得不自愧弗如，承认自己的愚蠢。获得博士学位的童第周很快成为欧洲生物界的"抢手货"，很多机构都开出优厚的条件，希望能够留住童第周。然而，一心想着报效祖国的童第周根本不为所动，毅然决然地在毕业后回到当时灾难深重的祖国。

童第周的成功不仅证明了他自己的能力，更让全世界见识了中国人的聪明才智。有时候我们的行为不仅关系到个人的荣辱，而且关系到国家的荣辱，所以，一旦涉及国家的荣辱，就一定不能含糊，一定要坚决捍卫祖国的尊严与荣誉。面对外国人对中国的侮辱与藐视，童第周不卑不亢，用自己的实际行动向世界证明中国人的智慧，为祖国争了光，捍卫了祖国的尊严与荣誉。

齐白石有所为,有所不为

在齐白石家的客厅中,长年挂着一张他在 1920 年写的告白:"卖画不论交情,君子有耻,请照润格出钱。"润格是指画的定价。这张告白的意思是:卖画不讲交情,君子都有羞耻心,请买画的人按照画的定价出钱。与此同时,齐白石还贴出了一张告白:"花卉加虫鸟,每一只加 10 元,藤萝加蜜蜂,每只加 20 元。减价者,亏人利己,余不乐见。"这张告白的意思是:花卉上如果要加画昆虫或者鸟儿,每加一只加收 10 元。藤萝上如果要加画蜜蜂,每加一只加收 20 元。如果有人想少给,亏了别人却有利于自己,这是我不喜欢看见的。齐白石卖画从来不讲情面,除极个别亲友外,不管是谁,他都要求按定价付钱,不能减价,更不能赊欠。当时很多人都对齐白石这种不讲情面、锱铢必较的行为表示不理解,有些人甚至直接攻击说他是个钻进钱眼里的小人。

然而,事实很快就证明齐白石并不是一个为了金钱、为了利益什么事都做的人。自 1922 年齐白石的画在东京一展成名后,他便声名鹊起,每天求画的人络绎不绝。对于这些求画者,齐白石并不是毫无原则、有求必应的,而是有所不为。他专门贴出一张告白:"作画不为者:像不画,工细不画,着色不画,非其人不画,促迫不画。刻印不为者:水晶、玉石、牙骨不刻,字小不刻。"无论对方的酬劳有多高,权势有多高,只要有上述情况,一律拒绝。1937 年七七事变后,北平(今北京)沦陷。齐白石忧心时局,无心

见客，便贴出一张告白："白石老人心病复作，停止见客，若关作画刻印，请由南纸店接办。"从此，他闭门深居，断绝与外界的联系。可是，那些求画的人还是不死心，尤其是一些日寇和汉奸冲着齐白石的名气，千方百计地求画。为此，齐白石又贴出一张告白："画不卖与官家，窃恐不祥。告白：中外长官，要买白石之画者，用代表人可矣，不必亲驾到门。从来官不入民家，官入民家，主人不利。谨此告知，恕不接待。庚辰正月八十老人白石拜白。"明确说明不愿与日寇、汉奸打交道。

1941 年的一天，无所不用其极的日寇竟然直接冲进齐白石的家，扬言要找齐老头画画。齐白石当时一个人在家，正躺在藤椅上休息。一听来人的声音，他知道是日本人找上门了。刚开始的时候，他假装自己耳朵聋了，听不见声音，继续躺在藤椅上休息。那些日本人见这么大动静，齐白石还在睡觉，都很纳闷。其中一个人上前把齐白石推醒，想要问他话。可是，被推醒的齐白石竟然是个"聋哑人"。听不见他们的问话，也不能说话。那些日本人看着这个年近八旬、老态龙钟的"聋哑"老人，有点儿气急败坏，谁也不能确定这个老人是不是齐白石。这时，那个带头儿的日本人说道："看这老头儿，老成这样，即使是齐白石，也肯定是画不了画了。"后来，那些日本人为了不空手而归，在齐白石家里翻箱倒柜，搜走了几幅画。就这样，齐白石装聋作哑地躲过了一劫，可是这也不是长久之计。到 1943 年，齐白石干脆在大门上贴出四个大字"停止卖画"，表明自己坚决不与日伪同流合污的决心，彻底断绝日伪买画的念头。用他自己的话来说，就是"宁可挨冻受饿,决不甘心去取媚"。

为了家人的温饱,齐白石选择有所为:按价取酬,"斤斤计较"。这不仅是买卖的基本原则,也是人之常情。在日本人和汉奸的威逼利诱下,他选择有所不为:宁可饿死,也不同流合污。无论是有所为,还是有所不为,齐白石都很好地捍卫了自己的尊严和荣誉,让自己远离耻辱。

万斯同闭门苦读

夜已深，窗外月色如洗，澄明清澈地洒在万斯同的脸上。面对眼前的美景，万斯同此刻没有心情去欣赏。相反，此刻的他内心充满了愤恨。他恨那些让他当众出丑的客人，也恨父亲把他关到书房来。

回想今晚发生的一切，万斯同气愤至极。傍晚时分，万斯同的父亲万泰在客厅宴请宾客。客人们看到万斯同写的《滕王阁序》都赞叹不已，称赞万斯同是个神童，并让万泰把万斯同叫到客厅来。在客人们的掌声中，万斯同来到了客厅。此时，一位客人笑着问："公子最近在读什么书啊？"

"最近在读白居易的《琵琶行》。"万斯同得意地说。

"那能不能请公子在我们面前背一背。"另一位客人说道。万斯同自信满满地回答道："当然可以啦。"于是，万斯同学着书生的样子，踱起步子，大模大样地背诵起来。刚背诵完两句，客人们就交头接耳，有的甚至拿手挡着脸偷偷地笑起来。

万斯同看到客人们的反应，有点儿心慌，又非常生气，便大声地质问客人："有什么好笑的？"

"公子贵为神童，也难免忙里出错啊。"一位客人似笑非笑地说道。

"错，哪里错？你最好要有真凭实据。"万斯同对着那个客人恶狠狠地说道。

"真凭实据其实就在你脸上。"另一个客人对少年说道。

此时万斯同愤怒至极，气急败坏地把客人们的桌子给掀翻了，嘴里还愤愤地说道："你们让我出丑，我也不让你们好过。"这时站在一旁的父亲再也忍不住了，急忙上前像拎小鸡一样把他从客厅拎到书房，让他好好闭门思过。

从小被称为神童，在众兄弟姐妹中出类拔萃的万斯同，一想到自己出丑，想到父亲的惩罚就更加气愤，于是，他又哭又闹，把书房桌子上的文房四宝和书架上的书全都摔到地上，并且扬言再也不读书了。哭闹了一会儿，万斯同感到筋疲力尽，便斜靠着墙坐在地上。可就在这时，他在狼藉遍地的地板上猛地发现那本让他出丑的《琵琶行》就在眼前。他拿起书，翻到了自己背诵的那两段，发现原来自己真的背错了。回想到当时自己的蛮横、自大以及无礼，万斯同感到非常羞愧，后悔不已，失声痛哭起来。

从此以后，万斯同便在书房里闭门苦读。到 15 岁的时候他就把家里的藏书全都读遍了。后来，万斯同与他的哥哥一起拜史学大师黄宗羲为老师，专门研究"二十一史"。其间，万斯同经常去当时著名的私人

藏书楼天一阁看书,可谓博览群书。多年读书的积累,使得万斯同学识渊博,精通历史,尤其是明代的历史人物、典章制度。康熙十七年(1678年),万斯同因精通史学,被推荐入史局,参与《明史》的编写工作,前前后后共19年。在这19年间,万斯同写成的明史原稿约500卷。

知错能改,善莫大焉,万斯同发现自己的错误后,知耻而后勇,闭门苦学,终成一代大家。

朱起凤发愤著《辞通》

火车上到处是人,好一派熙熙攘攘的景象,各色各样的人在车厢间游走,逃难的,外出谋生的,发国难财的,外出寻宝的,偷窃的,做小生意的,什么样的人都有。那些年,国家的政局极其不稳定,人们为了谋生,只好"各显神通"。一位中年男子拿一个装书的箱子用来装行李。他稍微躺着,用大衣盖上脸,在这嘈杂的人群中让自己休息一下。不久,火车慢慢停下来,也许是到达了一个小站,大家赶紧动了起来,有的下去买点儿东西吃,有的去个厕所,也有的下火车活动活动。

中年男子拿下眼镜,吹了一下眼镜上的灰,也打算下车去买点儿东西。

没走多久,他不经意间在一处报栏中的告示上看到几个不认识的字。看着那几个字,中年男子立马来了兴致,仿佛捡到宝贝似的,赶紧走向前,掏出随身携带的纸和笔把那几个字记了下来。

以他的经验,不可能就这么几个,附近应该还有一些。记完那些字之后,他便开始在周围的报栏前打转,看看能不能有新的发现。不知是报栏太高不容易看清还是他太过认真,就这样,找呀找呀,他完全把时间给忘了,吃的也没买。火车鸣笛了,大家又齐刷刷地朝火车跑去。

中年男子看到大家都朝火车跑,觉得人走了反而更清净,但他心里又总觉得有什么地方不对劲儿，可又说不出来为什么不对劲儿。

"哎呀，我也是坐火车的。"他恍然大悟地拍了一下自己的头，立马收起手中的纸和笔，飞奔着跑上了火车。

这个痴迷文字的中年男子是谁？为什么在当时动乱的时局下，人们各个忙于生计，他却能静下心来研究几个文字？

他就是朱起凤，清末民初著名的训诂学家，他之所以如此专注认真，是因为曾经的一件事，让他发誓要严谨治学、潜心文字训诂。

清光绪二十一年(1895年)，朱起凤跟着他的外祖父吴浚宣到海宁的安澜书院。朱起凤的外祖父是进士出身，曾经担任过翰林院的检讨(官名，从七品，主要负责国史的编修)，当时掌教安澜书院。在安澜书院期间，朱起凤的外祖父经常让他帮忙批阅学生们的课卷。最初的时候，朱起凤批阅得非常好，学生们也都称赞他。

有一次，在批阅一个学生的课卷时，他看到"首施两端"这个成语，以为是学生的笔误，就在旁边加批语，提醒学生写成"首鼠两端"才对。朱起凤万万没想到，批阅过的课卷发下去后，整个学院一片哗然，学生们对他的"首鼠两端"议论纷纷，有学生甚至写信讽刺他说："连《后汉书》都没有读过，有什么资格来批阅我们的文章。"朱起凤查阅《后汉书》后发现，原来"首鼠""首施"两个词是可以互相借用的，用哪一个词都可以。

这件事对朱起凤的触动很大，他为自己学业不精感到非常羞愧，当即便下定决心严谨治学、潜心文字训诂，绝不再犯此类错误。从此以后，朱起凤发愤苦读，博览群书，严谨治学，只要遇到别体

字、通假字、双音字都一定要随手摘记下来，然后不厌其烦地查阅所有相关的书籍，并逐个考核、订正、辨别、分析，直到最后得出明确的答案。如果还是不能确定，朱起凤就把它写在小纸条上贴起来，以便随时考核、审订。时间一长，书房的墙上、窗户上都被这些小纸条给贴满了。

经过 30 年的努力，朱起凤积累了大量的资料，汇编成《新读书通》一书。1934 年，开明书局将此书改名为《辞通》，编为 24 卷出版。《辞通》与《辞源》《辞海》并称中国三大辞书，全书收录的词条将近 4 万条，连带解释、说明，大约共有三百万字。值得注意的是，《辞海》《辞源》这两本书都是由几十个人合力编撰多年才完成的，而《辞通》一书完全是由朱起凤一人独自编撰而成，这在中外辞书史上是非常少见的。

当我们的错误被人发现，别人的嘲笑和讥讽固然是令人讨厌和难堪的，但是如果对于别人的嘲笑，只是一味地逃避或者报复，只会降低自己的人格，让自己越来越难堪。就像故事中的朱起凤，如果他当初选择逃避或者报复，只会让那些学生越来越藐视他，只会让自己的学业不精暴露得越来越多，最后尽人皆知，成为全天下人的笑柄。只有知耻改过，奋发向上，才能让自己不再犯错误，不再被人嘲笑。

黄伯云知耻而后勇

会议室里鸦雀无声，课题组的所有人都满脸愁云，连续十多天的攻关试验已经让大家筋疲力尽，一次又一次的失败已经让大家失去了信心。眼看着时间一天一天地流失，钱也如流水般地投入进去，可就是达不到预期的成效。整个课题组被一种压抑且沉闷的气氛包围着。正当大家一筹莫展的时候，课题组的组长黄伯云踏着沉重的步伐走进了会议室。黄伯云的到来，并没有打破会议的宁静与沉闷，大家只是抬起头看了看他，便又陷入沉思。看着大家垂头丧气的样子，黄伯云心里也非常难受。实验陷入僵局，课题组内部人心涣散，外界也是质疑不断。此时的组长是腹背受敌，处境异常的艰难。为此，黄伯云食不甘味，晚上即使吃了安眠药也睡不着，人变得非常憔悴。

黄伯云思考了片刻，清了清嗓子，说道："看大家心情不好，我给大家讲一个我亲身经历的故事吧！"

黄伯云的话引起了大家的兴致，大家都开始聚精会神地听着。

"1988 年我从美国学成归国，到原中南工业大学粉末研究所工作。当时的中国，在粉末冶金研究方面还比较落后，很多技术和设备都需要向国外借鉴和购买。有一次，为了加快研究进度，少走弯路，我到国外一家知名公司去访问，接待我的负责人趾高气扬地对我说：'很抱歉，你们不能参观我们的生产车间。但是如果你们购买我们的技术，至少可以节省 20 年的研究时间。'当时的我虽然非常气愤，可是为了研究需要，我还是买了这家公司的产品。可是更让我意想不到的是，当对这个产品进行研究时，研究人员发现它竟然是个废品。"

听到这里，大家都握紧了拳头，眉头紧锁。

黄伯云继续说道："看着那个昂贵的废品，想着外国人趾高气扬、不可一世的表情，我感到非常气愤和羞愧，当时便暗下决心：一定要靠中国人自己的努力自主研发，而且要在技术性能上超过他们。在接下来的几年，我率领课题组成员咬紧牙关，刻苦钻研，查阅大量相关资料，反复试验，经过一百多次的攻关终于成功了。而且……"

听到这里，大家都对黄伯云报以由衷的敬佩和崇拜。

黄伯云知道自己的目的就要达到了，他继续说道："同志们，我知道大家最近因为设备的事都受到很大的打击，心里都不好受。可是你们想想，搞科学研究哪有一帆风顺的，都是经历过无数的挫折才成功的。现在既然我们已经开始了这个项目，无论遇到多大的苦难，都一定要咬紧牙关，绝不能退缩。在这儿我先表个态，这个项目我是干定了，而且一定要干到底，干到好。即使赔上这条老命也在所不惜。"

话音刚落，全场响起了热烈的掌声。大家心中的压抑此刻都化作熊熊烈火，只等着马上奔赴实验室，开始新一轮的"战斗"。原本失落的士气又被重新鼓舞起来，整个团队又开始上下一心，众志成城。

2002年，黄伯云的课题组终于获得成功，攻克了差热式梯度炉炭—炭复合材料制备过程中的一系列难题。当黄伯云课题组成功的消息传到国外的时候，很多外国公司和专家都到中国来考察，向黄伯云"取经"，要把他们的技术引到国外去。当看到黄伯云课题组的成果后，他们不由得感慨道："以前，你们曾派人去我们那里学习，但今天，我们不仅要向你们'取经'，而且还要和你们签订合同，使用你们的产品。你们真了不起！"

当年面对外国人的愚弄和嘲笑，黄伯云不是只知道愤怒和羞愧，而是下定决心一定要自主研发，赶超世界先进水平，奋斗雪耻。也正是在这奋斗雪耻的决心和斗志的支撑下，黄伯云咬紧牙关，一路披荆斩棘，攻克一个又一个难题。由此可见，羞耻心不仅能够让人避免犯错，而且能在人犯错之后激发起斗志，鼓起改过自新的勇气和决心。

邓亚萍求学英伦，知耻苦读，再创辉煌

凌晨一点钟，房间里寂静无声，只听见笔尖在纸上"沙沙"地走着，邓亚萍坐在椅子上埋头写着，笔下似乎有源源不断的泉水涌出来，用了不到半小时，整张纸上已经写满了英语单词。虽然已经哈欠连连，可邓亚萍还不打算睡觉，她拿着纸，开始一个单词一个单词地默念，以确保每一个单词都烂熟于胸。就这样，时间一点一滴地流逝，眼见着时钟马上要跨过两点了，想到早上五点还得早起学习，邓亚萍只能依依不舍地放下手中的笔和纸，准备睡觉。

这种熬夜苦读的日子，邓亚萍已经记不清持续了多久，她也不知道自己这么辛苦、这么拼命是否值得。每当她想退缩、要放弃的时候，她都提醒自己一定不要忘了刚来英国时的窘境和屈辱，一定要学好英语。

1997 年退役后，邓亚萍以英语专业本科生的身份进入清华大学学习。刚进校的时候，邓亚萍的英语几乎是一片空白，连 26 个英文字母都写不全。半年后，为了更好地学习英语，邓亚萍以交换生的身份来到英国剑桥大学学习。可是，一到英国，邓亚萍就因为蹩脚的英语而四处碰壁。有一天，邓亚萍到邮局去寄钱。在"指手画脚"了大半天后，邮局的工作人员才明白邓亚萍的来意，把汇款的单子拿给她填写。看着单子上陌生的英语单词，邓亚萍当时就蒙了，有点儿无从下手。无奈之下，她只好求助邮局的工作人员。邮局的工作人员拿着单子，一边嘴里说着英语，一边在单子上指指点点。可是，邓亚萍还是听不懂，还是不知道要怎么填写。实在没办法，邓亚萍就很有礼貌地说了句她最为熟悉的英语："Thank you."然后把单子拿回来，放下。站在邮局前，邓亚萍两眼发呆，心想："我还能怎么办？又能问谁？即使问了自己还是听不懂，还不如不问。"最后，邓亚萍只好悻悻而归。

　　还有一件让邓亚萍终生难忘的事。开学前，房东为了让她熟悉一下学校的环境，就开着车送她到学校，并且在校内逛了一圈儿。后来，开学了，房东不送了，邓亚萍就骑着新买的自行车去学校。可

是，一出家门，邓亚萍就有点儿晕头转向，找不到去学校的路了。最后，七拐八拐，费了好长时间她才赶到学校。一到教室，老师已经来了，邓亚萍意识到自己迟到了。一向守时的她没想到开学第一天就迟到了，心里非常着急，想跟老师解释一下。可是，当时的她只能拼出几个简单的英语单词，根本解释不清楚，对面的老师也是听得一脸茫然。这一切让邓亚萍感到非常的窘迫、惭愧。

自那以后，邓亚萍开始"悬梁苦读"、全力拼搏。她给自己制定详细的学习计划：一切从零开始，坚持三个第一：从课本第一页学起、从第一个字母、第一个单词背起。就这样，邓亚萍顺利地实现从运动员到普通学生的转变，每天过着简单的"三点一线"式生活，埋头苦读、刻苦学习。功夫不负苦心人，邓亚萍的付出终于获得回报。2001 年，邓亚萍以全英语论文《中国乒乓球的历史及发展》顺利通过毕业论文答辩，获得学士学位。同年 9 月，邓亚萍又前往英国诺丁汉大学攻读硕士学位。在诺丁汉大学学习期间，邓亚萍毫不松懈，继续发愤苦读。2002 年，当她在硕士毕业答辩会上，以流利的英语宣读了 35000 字的论文《从小脚女人到奥运冠军》，深刻地分析和论述了中国妇女及中国妇女体育的巨大发展和变化，在场的老师无不为之震惊和折服，谁都不敢相信眼前的邓亚萍几年前竟是个英语白痴。最后，邓亚萍的论文答辩全票通过，她也如期获得硕士学位。同年 9 月，邓亚萍不知疲倦地再次踏上征途，前往剑桥大学攻读经济学博士学位，并以"2008 年奥运会对当代中国的影响"为研究方向。在攻读博士学位期间，年近四十岁的邓亚萍依然坚持刻苦学习，努力拼搏，最终于 2008 年 11 月获得剑桥大学经济学博士学位，成为剑桥大学近八百年来第一个具有世界冠军头衔的经济学博士。

初来英国的窘迫和屈辱给了一向要强的邓亚萍很大的打击，同时也促使她下定决心埋头苦读、努力拼搏，使她在求学的道路上越走越远，越走越成功，最终实现从英语外行到英语达人，从世界冠军到学者的大跳跃。人的生活不可能一成不变，在改变的过程中难免会遇到苦难、挫折、屈辱，这个时候我们就应该向邓亚萍学习，知耻而后勇，努力拼搏，积极进取，实现人生的华丽转身。

曾满军知耻而后勇

在一次军区表彰大会上，身为营长的曾满军代表他们营走上了领奖台，领取"军事训练一级营"的荣誉证书和奖章，这是第几次走上领奖台，他已经记不清了，只是此时此刻，回想自己一路走来的历程，他感慨万千。

1997 年，从哈尔滨理工大学毕业的曾满军不顾家人的反对，毅然投身军营，成为第二炮兵某部的一员。刚到军营，曾满军自我感觉良好，以为自己满腹经纶，没有什么事可以难倒自己。他心想：导弹有啥了不起，不就是喊几句口令，按几个按钮吗？基地新学员新骨干集训的时候，曾满军总是一副漫不经心的样子，态度比较散漫，对于各项训练总是得过且过，敷衍了事。有战友劝他："既然已经选择了军营，就应该好好表现，力争上游。"一向要强的曾满军听后有点儿着急，说道："我没有不好好表现啊！只是我觉得未来的高科技战争主要是智能的较量，我只要有自己的知识优势就行，其他的就没必要较真了。"第一次参加连队组织的专业理论学习，曾满军走进教室一看，是一个班长在讲课，他扭头就走，心想：连大学都没上过，还好意思来给我这个大学生上课。可是，事实很快就教育了曾满军。不久基地组织新学员新骨干进行实装操作时，有个仪器出了故障不能自动上锁。尽管曾满军能够从理论上找出故障的原因，可就是不能排除故障、解决问题，曾满军一下子急得满头大汗。这时候旁边有人说："上次理论学习的时候，那个班长给大家讲过这种故障的处理办法。"情急之下，曾满军只好跑去找那个班长来帮忙。很快，问题解决了。看着那个班长，曾满军心里无比惭愧。

在接下来举行的集训班第一次考试中，曾满军考了个倒数第六。接连的打击，犹如当头棒喝，让曾满军意识到自己的骄傲自大是多么的愚蠢，也让一向高要求的他倍感羞耻。从那以后，曾满军就痛下决心，要奋起直追，苦学导弹知识。每天曾满军都"全副武装"，兜里揣着写着导弹参数的卡片和"问题卡片"，一有时间就拿出来看看，一有问题或者新收获就马上记好，无论是吃饭还是走路都不忘思考和学习，就是回到宿舍，也不忘学习，他在床头挂满各种电路图、原理图，每次睡觉前都要再熟悉一遍。他还奉行"三人行必有我师"的原则，一有机会就向身边的业务骨干学习。有一次遇到一位很有经

验的技术骨干，他走在人家身边，边问边记，不知不觉走到了洗手间门口。那人回头问他："你也上厕所吗？"他才恍然止步。靠着这股执着的劲头儿，曾满军很快就掌握了全排所有的操作技术，等到几年后当上了营长，他更是精通全旅大部分岗位的操作技能，熟悉导弹全武器系统的专业知识，成为全旅的技术精英。

与此同时，在带兵方面，曾满军也很有一套。他始终坚持科学带兵，知识育人，既注重技能的培养，也注重知识的传授。当排长的时候，他的排立了一次三等功；当连长的时候，他的连被评为"标兵连"；当营长的时候，他的营连年被评为"军事训练一级营"。此外，在科研方面，曾满军也是硕果累累。他大胆革新导弹武器训练法和战法，大大地缩短了导弹技术阵地测试的时间，先后研制了八套模拟仿真训练器材，总结汇编了一百余例常见故障及排除方法，探索了"研究式教学""互动式考核"等组训、施训方式，编写了《实装操作训练教材》。曾满军先后获集体二等功一次、个人三等功两次以及全军优秀大学生干部、全军优秀共产党员、全军优秀基层军官、第18届中国十大杰出青年等称号。

刚下连队的骄傲自大让曾满军备受打击和挫折。不过幸运的是，他还是有羞耻心和上进心的，不仅能够很快意识到自己的错误，而且能够知耻而后勇，努力拼搏，积极上进。可悲的是，当今社会中还有很多人不以骄傲自大为耻，不能客观清醒地认识自己，一味沉迷于自己为自己编织的谎言之中。

曲小雪雪耻捍国威

"现在本庭宣判，被告爱德华赔偿原告曲小雪 5250 美元，并当场向原告赔礼道歉。"最高主审法官这最后的审判，为这起四年的诉讼长跑画上了圆满的句号。或许你还认为这只是一起普通的诉讼案，虽然法官判词普通，但案件本身的意义却非同一般。

听完法官的宣判，被告爱德华不得不站起来，小声地说："曲小姐，对不起。"

"我听不见。"一旁的法官提醒爱德华，"请你大声一点儿。"于是，爱德华又用稍微大一点儿的声音重复了一遍刚才的话。

曲小雪听后还是不满意，说道："请被告看着我说话。看着对方说话是最基本的礼貌，更何况这是道歉。"爱德华听后，毫无反应。

看着到这个时候还趾高气扬的爱德华，曲小雪再一次愤怒了，说道："爱德华先生，请拿出你当初打我的气势，抬起头，看着我的眼睛道歉。"爱德华这次完全被曲小雪震慑住了，不得不抬起头，看着曲小雪的眼睛，大声说："曲小姐，对不起。"爱德华一道完歉，他的律师立刻给曲小雪递了一张 5250 美元的支票。

接过支票后，曲小雪向全场抖了抖，义正词严地说道："在被告道歉后，你们就在法庭上公开把支票递给我，是想造成一种假象，让大家以为我这个中国人打这场官司就是为了这张支票，以为只要用钱就能打发掉我。可你们错了！至少我这个中国人，当然，还有许许多多的中国人都绝不会在你们的美元面前低头！我打这场官司，是为了讨回我作为一个中国人的尊严！美元，在我的尊严面前一文不值。"说完，曲小雪便将支票撕得粉碎，抛向空中。

曲小雪出身知识分子家庭，从小热爱文艺，喜欢唱歌跳舞，长大后出于对知识的渴望，漂洋过海，到美国自费留学。为了缓解父母的经济压力，曲小雪到一个美国白人老太太露易丝家里打工，开始勤工俭学。

然而，从第一次见面起，露易丝就对这个中国小姑娘充满了蔑视。她从不叫曲小雪的名字，每次有事都像招呼小狗一样摇铃。她让曲小雪吃她吃剩下的东西，再剩下就用打碎机打碎后放在冰箱，直到她吃完为止。本来曲小雪打算委曲求全，可是露易丝变本加厉，以各种形式对曲小雪进行羞辱和刁难。坚持了一段时间后，曲小雪实在受不了，决定辞职不干了。

可是，当曲小雪提出辞职时，却遭到露易丝和她的儿子爱德华的拒绝和阻挠。露易丝母子见阻挠无效，便恼羞成怒，拒绝支付未结算的工资，而且对曲小雪极尽侮辱之词。爱德华说："我平时最看不起的就是黑人，可是你们中国人连黑人都不如。今天要不是因为我母亲，我才不会跟你这种下贱的中国人说话。"曲小雪再也压制不止内心的怒火，说道："请不要侮辱我们中国人！我可以告诉你一个我身边的例子。在我就读的大学里，全班有 50 个读硕士学位的，可 47 个都是黄皮肤、黑头发的中国人，而遗憾的是你的同胞只有 3 个，并且还是最后 3 名，但我们并没有看不起他们。"面对曲小雪的据理力争，爱德华无言以对，竟然对曲小雪拳打脚踢，致使曲小雪膑软骨永久性挫伤，脊椎骨错位弯曲以及严

重脑震荡。幸亏爱德华家的邻居听到了曲小雪的呼救，拨打了911报警电话，才使她得救。

更让曲小雪难以忍受的是，爱德华母子竟然厚颜无耻地恶人先告状，把她给告了。此时的曲小雪已经忍无可忍，愤怒到了极点，为了洗雪耻辱，为了捍卫自己作为中国人的尊严，她毅然踏上了艰辛的上诉之路。在上诉的四年里，她无论身体多么痛苦，外界的压力有多大，都始终坚持，决不放弃。最后，这场官司由地方法院一直打到最高巡回法院。在法庭上，曲小雪以超群的智慧和充足的理由赢得陪审团的同情和支持，拒绝了爱德华律师提出的庭外和解，赢得了最后的胜诉。

曲小雪捍卫的不仅是她自己的尊严，更是13亿中国人和中华民族的尊严。尊严是我们立身、行事的根本，是不容许别人侵犯的。没有尊严的人就像大街上的蚂蚁一样，谁都可以轻易践踏、欺负。同样，国家的尊严也是坚决不容许他人践踏的，没有尊严的国家只能任人宰割。因而，如果有人蓄意践踏我们作为一个中国人的尊严，一定要像曲小雪一样，不卑不亢、不畏艰难，坚决抗争到底。

郑培民官德源于知耻

一天下午，两个小偷撬门溜进了一户人家。进门之后，两个小偷便开始里外、上下打量室内的陈设。看着室内简单的陈设，小偷A失望地摇了摇头，说："看来今天咱们发不了财了。"小偷B说："真是倒霉，不过，来都来了，总不能空手回去，赶紧动手吧！"说罢，他们便动起手来。不一会儿，小偷A突然非常激动地拿着一张照片跑到小偷B身边，说："看，这就是现任省委书记郑培民。我在电视上看见过他。刚才我确认过了，这应该就是他的家。"小偷B听后，也异常地激动，说："苍天有眼啊，看来咱们今天要发大财了。"于是，两个人又开始翻箱倒柜，可是怎么也找不到钱和贵重物品。小偷B非常郁闷地问小偷A："你是不是搞错了啊？堂堂省委书记家怎么可能一分钱都没有？"小偷A说道："肯定不会错。不要着急，慢慢找。我就不信他不贪污、不收礼，一定是他藏得很隐蔽。"两个小偷便开始里里外外、仔仔细细地翻找。最后，翻了个底朝天，他们只找到了4000元。无奈之下，两人只能悻悻而去。

其实，这两个小偷实在是不了解省委书记郑培民的为人。郑培民历任湘潭市委副书记、书记，湖南省人民政府副省长，湖南省省委副书记，湖南省第九届人大常委会副主任、党组副书记。多年来郑培民一直坚信"清廉的官德源于知耻"，始终坚持廉洁自律，从不以权谋私，侵占国家的财产。

有一次，郑培民要去中央党校学习，临走的时候到单位财务处借了 5000 元的差旅费。到学校报道后，他就把剩余的钱存到银行。一年后，郑培民从党校学成归来。回单位上班的几天后，郑培民处理完公务，便立刻赶往财务处。看到郑培民急急忙忙地走进来时，财务处的工作人员心里还有点儿紧张，以为发生了什么大事。郑培民一走进财务处便说："还好，终于在你们下班之前赶过来了，要不，今天我又还不了钱了。"在场的工作人员听完郑培民的话都非常茫然，不明白他的意思。看着一脸茫然的工作人员，郑培民马上从口袋里掏出一张借据，笑着说："看来这钱我真是借得太久了，害得你们都要忘记了。"话一说完，他就把借条递给工作人员。当郑培民拿出 5008.72 元时，工作人员便提醒他说："您借的是 5000元。"郑培民听后，会意地笑了一下，便说："5000 元是我借的差旅费，剩下的 8 元 7 角 2 分是这 5000 元的利息。"临走的时候，郑培民还非常风趣地说了句："以后有人借钱一定要记清楚，那可是国家的钱。"

郑培民就是这样严格要求自己，洁身自好。这次小偷偷到的 4000 元其实是郑培民女儿出差借的公款。

只有知道羞耻的，才称得上是人。只有懂得做人的，才有资格做官；只有以人民群众的利益为重的，才能算好官。所以说，知耻无论对于普通百姓，还是对于政府官员都是必不可少的，尤其是后者。政府官员如果没有羞耻心，不懂得洁身自好，便会危害一方，败坏社会风气，最后破坏国家的长治久安。可以说，当官不知羞耻，祸害无穷。

李丽身残志坚

2003 年的一天，一个坐着轮椅、面容有些憔悴，但却能说会道、开朗乐观的女人来到了湖南省雁南监狱。她叫李丽，一个只有高中文化水平的残疾人。她此行的目的是为监狱的囚犯作报告，在此之前她从来没作过报告，当监狱领导邀请她为囚犯作一场励志报告时，她犹豫了。可是一想到能帮助那些囚犯，她便答应了。那一次报告，李丽喝了三杯酒壮胆，便上了讲台。当坐着轮椅的李丽出现在讲台上时，台下观众很是惊讶，囚犯们很好奇，一个可能连自己都照顾不了的女人要给他们作什么样的报告呢？

看着台下两千多双渴望的目光，李丽说出了推心置腹的第一句话：

"兄弟们，我们都是被囚禁之人，你们被自己的失足和心结囚禁，我被自己的身体囚禁，我与你们一样都在忍受着生活的煎熬。"说完这句话她哽咽了。台下的囚犯们看到她脸上的各种疤痕以及伤残的肢体似乎都明白了一些什么。但这只是一部分，仅仅是表面的一部分。

"从我来到人世的第一刻，我的命运就注定与众不同。"李丽拭去脸庞的几滴泪水继续说道。

"在一岁多一点儿的时候，我就患上了小儿麻痹症，不能走路，只能侧睡和爬行；但我并不甘于放弃，八岁多的时候，经过多次治疗和锻炼，我那时就能够拄着拐杖行走；在此之后，凭借自身的毅

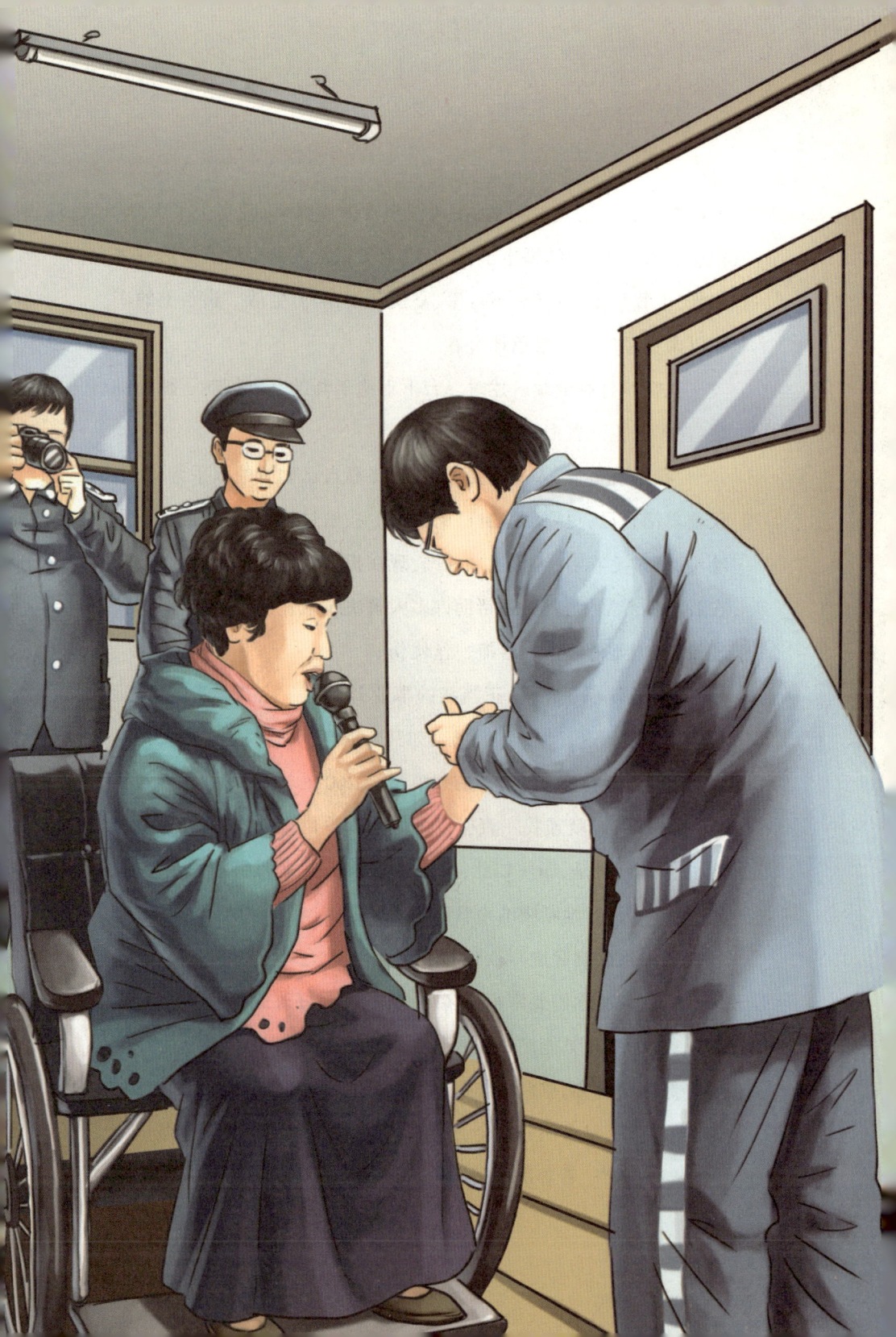

力以及家人和朋友的帮助，在两根拐杖的支撑下，我考上了大学，毕业后参加工作，结婚生子，逐渐过上了正常人的生活。虽然身体残疾，可我从来不抱怨、不自卑，坚强自立，努力生活。"讲台上的李丽以亲身经历绘声绘色地讲着。

就在她打算继续讲述时，台下不绝于耳的掌声打断了她的讲话，许多囚犯流着泪在鼓掌。

"我一直坚信，人一定要靠自己，要靠自己勤劳的双手劳动，不仅要养活自己，更要创造自己的价值。我摆过烟摊儿，当过工厂测绘员，开过毛衣店，经营过加油站，现在担任一家园林公司老板。现在我不但养活了自己，还帮助许多人解决了就业问题。"李丽深情地说道，但她的表情上难掩一丝忧伤。

"然而就在3年前，正当我的事业开始有一点儿起步时，命运再一次跟我开了个玩笑。一场突如其来的车祸，让我这个人又倒下去了，脸上缝了89针，身上的疤痕增至260处，体内增加了4块钢板、6颗螺钉。就连我一直引以为傲的双手也难逃厄运，几乎全部弯曲、僵硬。可是，即便如此，我依然不肯服输，仍然继续勇往直前，走到了今天。"她嘶哑的声音透露着坚强，让在场之人无不为之动容。场内再次响起震耳欲聋的掌声。

"比起我，你们要幸福得多。你们只要好好改造，还有摆脱囚禁的一天，而我却只能终身被囚禁在这轮椅上。所以我希望大家一定要好好珍惜机会，重新振作起来，学会用笑脸和坚强面对人生中的苦难和不幸，早日回归社会，回到父母身边。"话音未落，全场响起雷鸣般的掌声。看着那些曾经"恶贯满盈"的汉子流下感动的泪水，李丽知道她的演讲成功了。那一刻，她终于找到人生的方向标，她要用自己的坚强去激励那些失落的灵魂，用自己的爱心去温暖那些冰冷的心灵。

也许是她的坚强感动了上天，这次演讲让她在灾难之后迎来生命的转机，开启新的人生旅程。

从此，李丽经常到各地的监狱作报告，与那些"光头"结下不解之缘，成了他们的精神支柱。不断有人在她的鼓励和关怀下改过自新，立功减刑，有的甚至在狱中申请自学考试。在收获成功的同时，李丽也陷入思考。她觉得之所以有如此多的人会误入歧途，在很大程度上是家庭教育出了问题。为了拯救迷途的孩子，解决家庭教育的问题，她卖掉公司，自费学习心理学和教育学，成立"李丽家庭教育工作室"和公益性网站"丽爱空间"。工作室成立以来，经常有"坏孩子"被父母送到李丽身边，李丽从来都是耐心细致地与他们倾心交谈，用自己的实际行动感化、教育他们。此外，李丽也独具慧眼，她不仅注意到孩子们的成长问题，也注意到家长们在家庭教育中的问题。2006年李丽成立"五星妈妈俱乐部"，帮助妈妈解决家庭教育问题。就这样，李丽用她的爱心和真诚挽救了一个又一个陷入迷途的孩子，解决了无数家庭的难题。

每个人的生命都是上天的恩赐。即使是身体残疾，我们也要为能够来到这个世界而自豪、高兴，不抱怨、不羞愧。在这个故事里，李丽正是以她的坚强和爱心来感恩生命，诠释生命的真谛。

刘金国以违法乱纪为耻

　　夜幕已降临多时，小区里早已弥漫着沉沉的睡意。已近晚上十一点钟了，一个中年男子略显疲惫地向楼道里走去。他轻轻地推开门，生怕打搅早已熟睡的家人。他没想到此时屋内仍然灯火通明，沙发上坐着两个女人，看样子她们都是在等他回来。

　　一个年长的中年妇女看到他推开门，便一下子站起来，此时她的脸颊上还布满了泪水流过的丝丝痕迹。另一个女人则快速走到他的跟前，接过他的公文包，同时给他递了一双拖鞋。

　　"金国，今儿你不给你外甥办好这事，我这回就赖在你家不走了！"还没等中年男子坐下，那个略年长的中年妇女便说了起来。

　　"姐，你先坐，你来一趟不容易，有什么事咱以后再说，好好在这儿待几天。"中年男子亲切地说道。

　　"想让我好好待当然可以，但你得让我待得舒心点儿啊。"中年妇女的口气中有一丝快意。

　　"姐，你的意思我明白，可这事我真不能给你办。"中年男子为难地回答道。

　　"为什么？别人不帮我，我无话可说。可你是我的亲弟弟，娃儿的亲舅舅，让你给你外甥说句话就那么难吗？"中年妇女说着说着眼泪就刷刷地掉了下来。

　　"姐，你别激动啊，咱是自家人，有话慢慢说啊。"此时另一个中年妇女赶紧走过来，安慰那个正在落泪的妇女，"金国，你看大姐为这事都急成啥样了，能帮你就帮帮她呗。"对着自己的丈夫，女人的口气里有一丝丝的埋怨。

面对自己的妻子和大姐的埋怨，中年男人沉默了良久，良久。

"姐，你从小就教育我做人要正派，为官要公正廉洁，不搞歪风邪气。我这么多年时刻都谨记着，也严格按照你的教诲行事，从来不做违反法纪、徇私舞弊的事。这次你要我帮娃儿的忙，不是明摆着让我徇私舞弊嘛！这理儿我在电话里就和你说过了，你怎么就不明白了？"

年长的中年妇女听后一脸茫然，客厅里一下子安静了下来，许久，年长的中年妇女带着一脸的无奈一个人走进了房间。

就这样，双方一直耗着，转眼间十天就快过去了。最后，中年妇女再也沉不住气了。

那天早晨，中年男子匆忙吃过早餐，正要离家去开会，中年妇女突然一把抓住他的衣服，说："金国，你今天要是不帮这个忙，就别想出这个门儿。"

"姐，这个忙我真的帮不了。"男子摇了摇头。

"不行，你是娃儿他亲舅，你不帮谁帮呀！你现在就打电话联系，我就在旁边听着，要不今天我就一直跟着你，你上哪儿我跟你到哪儿！"中年妇女仍不放弃。

中年男子想挣脱往外走，中年妇女情急之下，"扑通"跪在了这个自己背着长大的弟弟面前。中年男子脸气得通红，顺手从桌上抓起个茶杯，"啪"的一声在地上摔得粉碎："姐，我怎么跟你说你才能明白啊，你怎么这么不懂事！"说完他拔腿就出了门。

中年妇女望着男子远去的背影,默默地留下了几滴泪水,她没想到自己的弟弟竟然会如此无情,她的心被伤透了。晚上中年男子回来,本来还苦恼着该怎么面对姐姐。可是,进屋后,他惊讶地发现姐姐走了,桌子上还留着姐姐来时路上吃剩下的、已经硬邦邦的烙饼。看着硬邦邦的烙饼,他忍不住哭了。

这个如此"无情"的男人叫刘金国。在他的昌黎老家,他是个家喻户晓的人物,是老家小港村的骄傲,更是刘家的骄傲。老百姓都知道小港村的刘家出了个"大官儿"叫刘金国,可刘家人心里清楚,这个"大官儿"并不能给自己的家族带来特殊的利益。所以刘金国的大姐刘金凤会说:"我们家白出了这么个官儿!"话是气话,更是实话,因为刘金凤对此有着切身的体会。

1998年夏天,刘金凤的儿子报考了秦皇岛市人民警察学校,考试成绩距离录取分数线还差二十多分,老师给她出主意说:"孩子这次的分数虽然考得不高,但是他的基础不错,就这样放弃了很可惜。你可以找你弟弟帮忙,让他打个招呼。"刘金凤深知弟弟向来是刚正不阿,说一不二的。但为了自己的儿子,她还是决定试一试,说不定弟弟顾及多年的姐弟情会网开一面。于是她就给刘金国打了个电话,没想到刘金国在电话里当场就拒绝了。当时刘金凤气得直掉泪,但她还是不放弃,于是,带了些路上吃的烙饼就上了当天的火车,直奔刘金国家里,可没想到刘金国还是没有帮忙说句话。最后刘金凤虽然理解弟弟,可是心中还有几丝抱怨。

在刘家兄弟姐妹六个中,刘金国与大姐刘金凤的感情最为深厚。小的时候,刘家家境贫寒,年长三岁的刘金凤为了供刘金国上学,只读了4年书就辍学了,等到15岁,就跟着大人们到县城的建筑工地上当小工,无论春夏秋冬都起早贪黑,为的是让弟弟好好上学,挣的第一份工钱,就用来给弟弟买了一支钢笔。大姐最心疼的是刘金国,刘金国最惦念的也是大姐,可是待到刘金国当了"大官儿",大姐却一点儿也沾不上这个弟弟的光。

人们说刘金国有六个"从不":一是从不接受宴请,谁叫也不去,谁也请不动;二是从不接受任何礼品,哪怕是一瓶酒、一包茶叶;三是下基层从不提前打招呼,吃饭除了在单位食堂,就是路边小店;四是从不买一件名牌衣服,更没有一件奢侈品;五是从不允许家属用自己的公车,哪怕是有病到医院或者雨天顺路;六是从不用公权办私事,哪怕是鸡毛蒜皮的小事。

这就是刘金国,一个真实的刘金国。他以一颗共产党员的赤子之心,真心回馈社会,不好大喜功,只为踏踏实实做事。他不慕虚荣,不搞特殊化,对人对己一视同仁,宽以待人却严于律己。

白方礼不耻劳辱

2005 年 5 月，一位叫白方礼的 94 岁老人被确诊为肺癌晚期，9 月 23 日，在深度昏迷了二十多天后，带着三百多名学生的感激之情，老人安详地离开了。2009 年 8 月，白方礼被评为"100 位新中国成立以来感动中国人物"之一。有人会问，这位平凡的老人究竟做了什么不平凡的事情？

答案说起来简单，但却很不平凡。从 1987 年开始，当时就已经 74 岁高龄的白方礼老人，硬是靠着自己蹬三轮车所得的收入，在十多年中先后资助了三百多名学生的学费以及生活费，前后共计 35 万元。

那么本应在家颐养天年的他为何会走上资助失学儿童的路呢？

1987 年，74 岁的白方礼在子女们的要求下，回到老家颐养天年。可到家没多久，一天，白方礼老人在庄稼地里看见一群小孩子在干农活儿。他算了算日子，发现那天不是周末。于是，他走到其中一个孩子的身边，问道："娃儿，今天是上课的日子，你怎么不去上学啊？"小孩回答道："我爸爸妈妈说家里穷，就不让上学了。"老人有点儿不相信小孩子的话，就找到他的父母问个究竟。那个小孩父母也说："我们每天面朝黄土背朝天，累死累活地赚点儿钱就只够吃饭的，哪里还有钱让娃儿们读书啊？"老人听到心里很沉重，便找到村里学校的校长，问他："一般的孩子来这儿上学要交多少钱啊？"校长苦笑道："一年也就百八十块。不过就这点儿钱，村里还是

有很多人交不起。而且学校老师也越来越少,已经有很多老师调走或者出去打工了。"虽然白方礼自己没文化,可是他深深地懂得只有知识才能改变孩子们的命运,改变家乡贫穷落后的面貌。

在辗转反侧了好几天后,白方礼老人把子女和老伴儿召集起来,开了一次家庭会议。等所有人都到齐后,老人站起来说:"我原本打算回老家享清福,可是老家这些上不起学的孩子们,实在让人揪心。现在,我要向你们宣布两件事:一是我要把这些年蹬三轮车攒下的 5000 元钱全部交给老家办教育;第二,我要回天津重操旧业,挣下钱来让更多的孩子有学上。这事你们是赞成还是反对都一样,我主意定了,谁也别插杠子了。"在场的家人知道老人向来是做事果断,决定的事不会再轻易改变,就没有过多地反对,但要老人一定要多保重身体。

自那以后,人们经常可以在天津火车站附近看到一位瘦弱的老人艰难地蹬着三轮车前行。不管是炎炎夏日还是寒冬腊月,老人都始终如一,一年 365 天从来没休息过。老人在接受记者采访时说:"想想那些没钱上学的孩子,我坐不住啊!我天天出车,24 小时待客,一天总还能挣回二三十块。别小看这二三十块钱,可以供十来个苦孩子一天的饭钱呢。"同时,为了能赚更多的钱,他在火车站旁边搭了个 3 平方米的小铁皮棚子住在里面。夏天,棚里的温度高达40 摄氏度;冬天,放杯水就能结冰,可老人一住就是五年。为了能存更多的钱,老人将自己的生活开销降低到了极点,衣服从里到外没花一分钱,都是从垃圾堆里捡来的。所以人们看到的白芳礼老人从来都是"破衣烂衫"的。每天的午饭总是两个馒头加一碗白开水,有时往开水里倒一点儿酱油。要是实在馋得厉害了,就在晚上睡觉时往嘴里放一点儿肉丁,含着品品滋味。每当有人问白方礼何必要这么苦自己时,他都说:"我咋就不知道享受?可我哪舍得花钱!孩子们等着我的钱念书,我就只能拼命挣才是!"对于老人而言,每天最快乐的事就是晚饭后抱着他那个存钱的饭盒数钱,每一元、每一角都格外珍贵,都要展平、码好;而每月最快乐的事就是蹬着三轮车把攒的钱捐到学校去。

到 2001 年,年近 90 岁的白方礼已无力再蹬三轮车,就靠着在车站帮人看车,赚一两角来存钱,每次存够 500 元就捐出去,直到老人病重。

虽然出身低微,但却有着高贵而伟大的灵魂;虽然家境贫寒,但却有着一颗勤劳质朴的心。一位年逾古稀的老人原本该在家颐养天年,享天伦之乐,可他却不辞劳苦,要尽自己最大的,也是最后的努力为贫困学生撑起一片天。

杨振宁不耻下问

2007年11月13日下午3点,合肥市政务中心大礼堂已经座无虚席。在这里,诺贝尔物理学奖获得者杨振宁将以一个科学家的身份,作一场名为《对全球GDP猛增的思考》的报告会。下午三点半整,杨振宁准时出现在大礼堂,大家对他的到来报以热烈的掌声。杨振宁也热情地回应了大家。可是就在杨振宁准备用电脑做演示时,电脑突然出了点儿故障,不能正常运行。在场的人都为他捏了把汗,以为他会放弃演示,直接演讲。可是,杨振宁却说:"不好意思,耽误大家时间了。这个我不太会弄,麻烦你们哪位来帮我一下?"在场的人听到后,都非常惊讶,没想到这位科学巨人竟然如此谦虚。最后,在工作人员的调试下,电脑很快恢复运行,报告会也得以顺利开始。

其实,谦虚谨慎一直以来都是杨振宁的座右铭。作为一个科学大师,杨振宁在日常的研究和工作中总是非常谦虚、严谨。对于自己不懂的问题,他从来都是毫不避讳地承认,以至于"不懂"或"不够了解"都已成为他在研讨会中或公开场合中的常用语。刚开始的时候,人们以为他只是出于礼貌,客气客气而已。可是,一旦接触久了,便会发现这是他的真心话。他不仅毫不避讳地承认,而且经常不耻下问,以弥补知识上的不足。

20世纪70年代,物理学界对微分几何非常关注,很多物理学研究者都注重对微分几何的研究。杨振宁那段时间也刚好对单磁极（Monopole）与规范场相结合的问题非常感兴趣。于是，他主动找到了一位当时在大学校内研究并教授微分几何的教授。在与那位教授寒暄了几句之后，杨振宁便说："我最近对单磁极与规范场相结合的问题非常感兴趣，但是我对微分几何研究得不多。不知道能不能从你这里取点经。"那个教授听完后非常激动，他没想到这个鼎鼎大名的物理学家竟然如此的谦虚、好学，连忙回答道："没问题，没问题，随时欢迎。"就这样，杨振宁又重新当起了学生，开始深入细致地研究微分几何。

即使是像杨振宁那样的科学巨人也有不懂和不了解的地方，更何况我们这些芸芸众生。正所谓"闻道有先后，术业有专攻"，学习知识是有先后次序的，是一个逐渐积累的过程。每个人都有自己擅长的领域。因而，一时一事的无知并不可耻。真正可耻的是，明明无知却不肯承认，非要打肿脸充胖子，不懂装懂，不仅会误导别人、耽误别人，而且会让自己贻笑大方，成为世人的笑柄。只有敢于承认自己的无知，并且积极地向他人学习，尤其是像那些地位比自己低，但在某一方有专长的人学习，做到不耻下问，才能真正成为智者，成为大师。

中国女子乒乓球队知耻奋进

北京时间 2012 年 4 月 1 日，是一个让中国女子乒乓球队全体队员终生难忘的日子，就在这一天她们以 3:0 大胜劲敌新加坡队，血洗两年前的耻辱。在颁奖仪式上，当考比伦杯再次握在手里，当五星红旗高高升起时，这些叱咤球场的"铁娘子"们，不禁潸然泪下，两年前的屈辱与煎熬在此刻完全被释放出来。年轻的姑娘们再一次用她们的执着与努力，赢得了胜利，赢得了世人的赞誉，向世界证明中国乒乓球女队是世界乒坛当之无愧的"无敌战舰"，是中国体育界的"王者之师"。

然而就在两年前，她们因输给新加坡队而饱受争议。中国女子乒乓球队自 1965 年在第 28 届南斯拉夫卢布尔雅那世界乒乓球赛上战胜日本队，获得考比伦杯——女子团体冠军后，便多次称霸世界乒坛。她们在历史上有过很多经典的战役，比如在 1975 年的第 33 届加尔各答世乒赛上，中国女队与韩国队"血战到底"，拼尽 5 局，最后以 3 比 2 险胜，时隔十年第二次重获冠军。之后，中国女队涌现出很多诸如邓亚萍、陈静、王楠、张怡宁等奥运冠军和世界冠军，被誉为"梦之队"。

因此在 2010 年第 50 届莫斯科世乒赛上，中国女队同样被人们寄予厚望。人们希望中国女队能够再次获得冠军，实现自 1993 年到现在的"九连冠"，打破此前于 1976 年到 1989 年保持的"八连冠"纪录。然而，北京时间 2010 年 5 月 30 日下午，正当全国、全

世界数以万计的观众翘首以盼,期待见证奇迹时,中国女队竟然以 1:3 惨败于新加坡队,重蹈 19 年前的覆辙。在颁奖仪式上,17 年来第一次不能站在冠军领奖台上的中国女队,眼睁睁地看着考比伦杯与自己失之交臂,心情无比落寞,有些队员甚至潸然泪下。很快,有关中国女队"爆冷惨败"的消息铺天盖地。人们以快讯、直击、深度报道、音频等五花八门的形式把这一惊人的消息传播到世界各地。有人对中国女队的遭遇表示同情和理解,认为"胜败乃兵家常事",打输了一次很正常,但更多的人对此表示难以接受,公开对中国女队提出质疑和责难。

面对外界不绝于耳的质疑和谴责,中国女队并没有做出反驳和过多的回应,因为她们知道只有胜利和夺冠才是最好的回应,才能一雪前耻,挽回失去的荣耀。就这样背负着莫斯科惨败的耻辱,中国女队知耻奋进、上下一心、勤学苦练、坚持不懈,同时打破传统思维,尝试更新的技术打法,改变以往存在的问题,提升战术能力。最终功夫不负有心人,两年后她们再次将考比伦杯握在手里。

对于一定要分出胜负的竞技体育而言,"胜者为王"是历来的惯例。面对失败,再多的解释也是无济于事,唯有付诸行动,知耻奋进,才能有机会翻身,成为王者。在日常生活中,我们也要经常与别人比赛,分出胜负、优劣。有些比赛对我们的影响只是暂时的,比如平时的等级考试或者评优评奖,有些比赛对我们的影响却是终生的,比如高考。无论是何种比赛,我们都要积极面对,努力争取,不到最后一刻绝不放弃;如若失败,便要知耻奋进,勇于拼搏。只有这样我们才能成为永远的王者。